정신적인
세계화를 선도하는
K-정신

저자 **전대성**

21세기 신인류의 정신적인 세계화
이미 완성된 자연과 인생 시스템
인생의 완성

목차

이 책이 전하고자 하는 중요한 메시지

"진리는 간결하다. 간결하지 않으면 진리가 아니다."라는
당연함에 동의하며 이 책도 간결하게 쓰기 위해서 노력했다.
전문 학술 용어를 사용하지 않으려고 노력했다.
감각적이고 현실적인 앎과 느낌, 영성적인 앎과 느낌,
과학적 앎, 철학적 앎 모두를 인간의 총체적인 지혜라고 보고
특히 감각적 앎과 느낌의 직관으로 소통하는
현실 인생의 일상생활에서 사용하는 용어를 주로 사용하며
대중의 현실 인생을 중심으로 하는 담론을 펼치고자 한다.

우주 자연 전체는 이미 완성된 시스템이다.
그 안에서 인생도 완성된 시스템이다.

필연적인 시스템을 이해함이 깨달음이고
인정하며 사는 삶이 깨어서 살아감이다.
완성된 우주 자연 시스템 안에는 무궁한 선택의 스펙트럼이 있다.
시스템을 이해하고 인정하며 마음껏 선택하며 사는 삶이

인생의 자유이다.

이-인-자 생활 명상이 그대 인생이 마주하는 상황에 저항하지 않고
이해하고 인정하며 자유롭게 선택하며 생활하게 할 것이다.

우주 자연의 생명 시스템을 자꾸 이해하고 인정하며 깨어 있으면
이미 우주 자연과 한 몸임을 알게 되고 느끼게 되고
결국 인생의 완성 구원에 이르게 될 것이다.

이 글이 이 책이 전하고자 하는 내용의 핵심이고 결론이다.
다음 글들은 여러분들이
세상과 인생이 이미 완성된 시스템임을 이해(깨달음)할 수 있게
해설하는 설명들이다.

·✳·✳·✳·

2,500년 전 중국, 인도, 그리스에서, 2,000년 전 유대인의 땅에서
성인들이 출현하여
세계관, 자아정체관, 인생관, 윤리관 등의 사유(철학)체계를
발표하고
그 후 수많은 인류가 공유하며 2,000년이 넘게
인류에게 정신적인 대세가 되고 막강한 권위를 가지고
영향력을 발휘해 왔었다.
6,000년이 넘는 인류 문명 역사에서 2,500년 전에 성인들이
출현하여
세계관, 자아정체관, 인생관을 새롭게 혁신적으로 정리하여
발표한 사태를
인류의 제1차 정신 혁명이라고 이름하기로 한다.

그 후 인류는 인구가 증가하며 도시화되고,
농경문화에서 과학혁명과 산업혁명을 하며 문명의 혁신을 진행하고
1인 통치의 왕정을 해체하고 민주주의 시대를 구가하고 있다.
운송 수단과 정보 통신의 발전으로 국경의 문턱이 낮아지며
20세기에 달성된 경제적인 세계화의 시스템은
인류 역사에서 처음으로 맞이한 인류 문명의 거대한 전환이다.

· ✳ · ✳ · ✳ ·

유럽인들이 선도한 과학적 자연주의 정신이
20세기와 21세기에 지구촌 정신의 대세로 자리 잡게 되었다.
지구촌의 모든 학교가 과학 지식을 공부하고
과학기술로 국가와 도시를 건설하고
시민들은 과학적인 정신으로 생각하고 소통하며 살아간다.
21세기 문명은 경제적인 세계화와 과학적 자연주의 정신이
세계화된 국면이다.

과학적 자연주의 정신은 물질 중심의 편협한 정신이다.
앎(인식)의 시스템은
감각적, 과학적, 철학적, 영성적 앎의 4요소로 조직되어 있다.
이미 완성된 우주 자연 시스템과 인생 시스템에서
온전한 인생을 살기 위해
과학적 자연주의 정신과 함께
감각적, 철학적, 영성적 앎을 모두 품고 살아가는
총체적인 '달관 사상'을
글로벌 신인류의 새로운 사유체계로 제안하고 있다.

21세기에 새로운 신인류의
달관 사상의 깨달음과 깨어서 살기를 해설하고 전파하고자 함이
이 책의 핵심 내용이다.

달관 사상은

우주 자연 전체 시스템에서 어느 것도 분리하지 않는다.

어느 것도 누락시키지 않는다.

부분의 눈(감각)과 함께 전체(영성)의 눈으로 세상을 본다.

· ✳ · ✳ · ✳ ·

인도의 심리학적 관념론과 서양 사람들의 이성적 사유체계에서
감각적인 현실 인생은
진짜가 아닌 가짜의 인생이고 부정적인 인생관이었다.
진리(실체, 이데아)의 세계는 현실 너머에 따로 있다고
논리적 가설을 설정하였다.
그러나 20세기에
플라톤에서 칸트까지 서양 전통의 사유체계는 해체되었다.
동아시아 전통의 총체적인 자연주의는 잠들어 있을 뿐
해체되지 않았다.

어떤 사유체계가
신인류의 새로운 사유체계로서 자리 잡게 될 것인가?
한국에서는 선각자들이 150년 전부터
물질이 개벽되었으니 이제 정신을 개벽하자고 외치며
구인류의 정신 사상이 신인류의 정신 사상으로
새롭게 개벽되어야 함을 천명하였다.

21세기에 시작되고 있는
영성을 중심으로 하는 정신적인 세계화를
제2차 정신 혁명이라고 하면, 제2차 정신 혁명은
인류의 6,000년 정신문화 역사에서
두 번째 맞이하는 거대한 전환이다.

·✳·✳·✳·

이 책은 《인생의 정석》에 이은 두 번째 책이다.
《인생의 정석》에서는
세계관 정립, 자아정체관 정립, 행복한 인생관 정립에 대해서
그리고 마음을 깨끗이 닦는 명상에 대해,
인생을 공부하는 인생학교에 대해 저술하였다.

이 책에서는
2,500년 동안 구인류의 철학적 변론과 해체의 역사를 살펴보고
총체적 자연주의인 '달관 사상'을 새롭게 제시하고 있다.
달관적 세계관은 부분의 눈이 아닌 전체의 눈으로 본 세상이다.
신인류는 이제 누구나 우주의 눈(전체를 보는 눈) 내비게이션으로
세상과 나의 인생을 객관적으로 바라보며
불행을 피하고 행복한 인생길을 찾아가며 살게 될 것이다.

이 책이 지구촌 인생학교들의 인생 교과서가 되기를 바라고 있다.
스마트한 지구촌의 현자님들께서
이 책의 부족한 부분을 감수해 주고 변론해 주며
더 성숙한 글로벌 사유체계로 자리 잡게 되기를 고대한다.

· ✳ · ✳ · ✳ ·

제5차 (정신)산업혁명은 새로운 정신 산업의
거대한 새 물결이 될 것이다.
현대인의 제일 큰 고통인 스트레스를 해소하기 위해
영성을 차리며 건강하게 살기 위해 영성을 공부하는 명상 산업이
과거의 종교 문화처럼 부흥하게 될 것이다.
지금까지 인류는 생존본능을 주로 차리며 살았지만
이제 생존은 어느 정도 안정적으로 확보하게 되었으니
이제 영성본능을 주로 차리며
느긋하고 너그럽게 유유자적 살아가는 인생을 위한
영성 문화 산업이 요구되고 있다.

· ✳ · ✳ · ✳ ·

지구촌의 많은 사람이 이 책의 내용에 공명하도록
노력할 것이다.
쉽게 친절하게 설명하는 영상물을 한국어와 영어로 제작하여
온라인에서 전파할 것이다.
온라인에 신인류 인생학교를 설립하고
지구촌의 담임교사들과 함께 공부 방법을 연수하고자 한다.
온라인과 오프라인에 '인생학교지원센터'를 설립하고
교육적 실효성에 대한 연구와 개발,
교육 프로그램 연구와 개발 보급 등의 사업을 하려고 한다.

· ✳ · ✳ · ✳ ·

한류가 선풍을 일으키면서 다음은 어떤 콘텐츠로
사람들을 놀라게 할까 기대하고 있다고 한다.
한류 콘텐츠들의 중심을 흐르는 한국적인 정서, 한국적인 정신이
마지막 화룡점정을 하게 될 것이다.
한국인의 정신과 정서를 새로운 시각으로 해석해서 소개하고 있다.
한국의 '스스로' 정신과 양심(영성) 성찰이 글로벌 정신으로
공감되고 인정받게 될 것을 의심하지 않는다.
더불어서 달관 사상과 이-인-자 생활 명상이
정서가 메마른 '과학적 자연주의 사상'의 부족함을 채우며
지구촌에서 널리 공명하며 공유되기를 바라고 있다.

·✳·✳·✳·

탈종교 현상이 짙어지고 있는 지금
글로벌 젊은이들이 말하고 있다.
"나는 종교적이지 않다. 나는 영성적이다."
한국의 대중적인 심리학에서는 영성을 양심이라고 한다.
한국인들에게 영성은 누구나 언제나 차려져 있는
친숙한 마음이다.

스스로는 인내천으로 연결된다.
스스로는 천상천하에 유일한 주체자이다.
생명체 하나하나가 모두 스스로이고 삶의 주체자이다.
나 생명체의 씨알(DNA)은
수십만 년, 수백만 년 전부터 스스로 전해져 와서
나의 자식과 미래 후손까지 전해지는 죽지 않는 생명 시스템이다.
지구와 우주는 천년만년 쉬지 않고 스스로 자전과 공전을 한다.
원자 안에서 전자는 천년만년 스스로 스핀과 회전을 한다.
우주의 모든 것은 스스로 에너지이다.
에너지로부터 시간이 파생되고 생명이 창발된다.
'무위자연', 오직 스스로뿐, 다른(신) 작위는 없다.

도대체 세상이란 무엇이뇨?
세상에서 나는 누구냐?

세상에서 너는 누구냐?

'스스로'이다.

세상도 스스로 나도 스스로 너도 스스로이다.

진리는 간결하다. 복잡하면 진리가 아니다.

진리는 숨어 있지 않고 이미 나타나 있는 현실이고 현상들이다.

이 책은 장황하지 않다. 간결하다.

· ✳ · ✳ · ✳ ·

이 책의 내용을 간결하게 요약하여 개괄적으로 소개하는
3개의 요약 편을 먼저 배치하였다.
전체 윤곽을 개괄적으로 이해한 후에 펼쳐진 본편을 읽으며
더 수월하게 더 깊이 이해할 수 있기를 바라는 마음이다.

요약 편 1: 한류의 뿌리, 한국인의 정신 사상과 정서
요약 편 2: 21세기 글로벌 정신문화의 현실과 평가
요약 편 3: 지구촌 신인류의 사유체계로 '달관 사상'을 제시함

한류의 뿌리,
한국인의 정신 사상과 정서

인류의 정신문화를 크게 인도 정신, 서양 정신, 동아시아 정신
3줄기로 보고
한국인들의 정신 사상과 정서는 동아시아 전통과 함께하지만
또한 중국 일본 동남아시아와 다른 한국만의 특성도 있다.

감각적인 앎과 느낌의 현실은 가짜이고
진리의 세계는 따로 있다고 설정한
플라톤에서 칸트까지 2,300년 전통의 서양철학은
스스로 해체되었다.

현대 동아시아의 철학자들은 자신들의 전통 철학은 외면하고
근대와 탈근대의 서양철학 공부만 열심히 하고 있다.
동아시아 철학자들이 혼돈의 서양철학을 해체시키지도 못하고
추종만 하고 있음은 아쉬운 일이다.
동아시아 철학자들의 외면과 무관심 속에
동아시아 철학 사상은 잠들어 있다.
동아시아의 총체적인 자연주의 사상은 잠들어 있을 뿐
해체되지 않았다.

✦ 천지인 사상

천(하늘): 형이상, 도(道), 성(性), 이(理), 자연의 법칙

지(자연): 형이하, 자연현상, 기(정보와 에너지)

인(인간): 생명체

천지인은 하나의 유기체이고 시스템이다. 동시성이고 일체형이다.

천지인 사상은 수평적이고 총체적이고 무신론적 세계관이다.

우리는 언제나 천지인과 마주하며 산다

✦ 태극 사상

하나의 태극 안에 음과 양 두 성질이 서로 작용하며
만물을 생성하고 변화하게 한다.
일원론이고 총체적인 세계관이다.
음과 양은 둘이 아니고 하나의 이원성이다.

하나의 원자 안에서 음전하와 양전하가 밀고 당기며
스스로 스핀과 회전을 하고 에너지가 된다.
이 에너지로부터 세상은 멈춤에서 움직임으로 깨어나며
죽음에서 생명으로 살아나게 된다.
지구가 N극과 S극의 자력 에너지에 의해
스스로 자전과 공전을 하며
시간 개념을 파생하고 세상 만물을 변화하게 한다.

2,500년 전 태극 사상은
21세기 양자물리학에서 밝힌 물리 세계와 크게 다르지 않다.

✦ 공자와 맹자의 윤리 사상

공자와 맹자는 성선설을 주장하고
인간의 본성을 인(사랑), 의(정의), 예(겸손함), 지(지혜)로 보았다.
먼저 자신의 몸과 마음을 닦고 가정의 질서를 가지런히 한 다음
국가 정치에 참여하고 세상의 평화를 지향하라고 가르쳤다.
한국인들은 중국인들보다 더 적극적으로

유교 사상을 종교적으로까지 신앙하며 실천하였다.

✦ 스스로 사상

세계관은 스스로인 자연이고
자아정체관은 스스로의 몸, 자기 자신이다.
자연은 스스로 그러함이고, 스스로는 홀로라
상대가 없는 절대자이다.
자기 자신은 자연의 몸이고, 스스로 홀로(일정한 독립성)의 몸이다.
홀로 절대적으로 직접적으로 스스로만 있으므로
스스로는 무신론이다.
스스로는 유일하므로 하늘이다.
우주 자연과 한 몸이고(전체성) 일정한 독립성(개별성)을 함께 가진
인식과 행동의 유일한 직접적 당사자이다.
스스로는 홀로, 몸소(친히, 손수) 직접의 뜻을 품고 있다.

태극 사상. 스스로 사상. 천지인 사상에서 더 진화하기.

✦ 진화 1: 주자학의 이기론

세상의 모든 현상의 배후에는 반드시 자연의 법칙이 있다.
반드시 자연의 법칙을 따르는 세상의 모든 현상은 당연하다.
세상 전체를 자연의 법칙과 자연현상 이원성으로 보고
자연현상을 정보(모양 모습)와 에너지로 보았다.
노자 《도덕경》의 도는 자연의 법칙이고

덕은 나타난 현상 또는 나타내야 할 실천이다.

이기론도 총체적인 세계관이다.

✦ 진화 2: 인내천 사상, 사람이 바로 하늘이다

모든 게 하늘이다. 평등하다. 절대적이다. 존엄하다. 신령스럽다.

스스로 정신이 인내천 사상으로 무리 없이 연결된다.

스스로와 인내천은 크게 다르지 않은 개념이다.

✦ 진화 3: 달관 사상

세상의 어떤 현상이나 사실도 누락시키거나 무시하지 않는

총체적인 자연주의이다.

세상은 전체자의 전체성과 개별자의 개별성의

이원성으로 이루어져 있다.

삼라만상 하나하나를 개별자라고 하고

삼라만상 전체가 유기적으로 초연결, 초융합되며

하나의 완성된 유기체(시스템)로 있는 현상을 전체성이라고 한다.

우주 자연 전체가 스스로이고 개별자 하나하나도 스스로이다.

전체의 눈으로 전체와 부분을 본다.

✦ 총체적 자연주의는 인도 사상과 서양 사상과 다르다

우주 자연 전체를 분리하여 부분적으로 단정적으로 말하지 않는다.

진리(실체 신 이데아 이성)와

현실(감각적 앎과 느낌)을 분리하지 않는다.

진리와 현실은 일체형이고 동시성이다.

감각적 앎의 한계를 과학적, 철학적, 영성적 앎을 통해
보완하며 살아가는 인생 시스템이다.

참나와 에고를 분리하지 않는다.

참나와 에고는 한 마음의 이원성이다.

인간은 눈을 뜨면 언제나 여러 현상과 마주한다.

모든 현상의 배후에는 반드시 자연의 법칙이 있다.

고로 모든 현상은 당연한 것이다.

그리고 전체성과 개별성(홀론 현상) 정보와 마주한다.

모든 존재와 현상은 전체성과 개별성 정보를 함께 품고 있다.

생명체들 의식의 전체성은 영성이고 개별성은 에고이다.

자연현상과 자연의 법칙, 전체성과 개별성들은 보편적인 현상이므로
동서고금을 통해 변함이 없는 현상이다.

✦ 총체적 자연주의는 21세기에도 유효하다

21세기에 새롭게 정리된 K-달관 사상을 통해서
미래 신인류의 사유체계로 이어질 것이다.

K-달관 사상은 한국에서 진화한 한국적인 사상이다.

✦ 한국인의 정신 사상은

스스로-천지인-태극 사상-도덕론과 이기론-인내천-달관 사상이
이어지고 통섭되는 총체적인 자연주의 사상이다.

나라를 시작하면서 품기로 한 개국 정신은 홍익인간이다.

어느 나라의 개국 정신보다 아름답다.

한국의 국기는 태극 철학이 새겨진 태극기이다.

한국인의 정신은 기본적으로 철학적이고 이타적이다.

한국의 전통 종교는 유교, 불교, 도교이고

200년 전에 기독교가 전파되어

현재는 한국에서 가장 세력이 큰 종교로 되었다.

세계에서 가장 먼저 인쇄술을 사용한 문화 강국이다.

한국은 서양의 철학과 과학적 자연주의 정신을

거국적으로 수용하며

경제적인 세계화 국면에서 앞장서서 활동하고 있는

정신적으로 문화적으로 서구화된 문명사회이다.

✦ 한국인의 정서

스스로

세계관도 스스로이고 자아정체관도 스스로이다.

어린 시절부터 누구에게 의존하지 말고 너 스스로 직접 하라는

가르침을 받으며 자란다.

홀로이고 절대자이고 직접 당사자이다. 무신론이다.

스스로는 인내천 사상으로 이어지는 유일한 주체적 존재이다.

서양처럼 왜소한 자신(감각 정서)의 위에 군림하는 진리(신, 실체, 이성, 이데아)

에 위축되거나 주눅 들지 않는 정서이다.

우리

우리나라, 우리 엄마, 우리 가족, 우리 동네, 우리 회사, 우리 선생님 등

'나'라는 1인칭 단수 대신에 1인칭 복수형인

우리라는 말을 많이 사용하는 정서가 있다.

우리라는 정서는 서양의 개인주의적 정서와 다르다.

동포의식이 강하다.

하나의 자궁에서 태어난 형제자매가 동포인데

국가 전체의 국민을 동포라고 부른다.

친구의 부모를 친구와 함께 아버지, 어머니로 부른다.

우리라는 정서는 세계화 시대에 인류 전체로 확장될 수 있는

강한 연대감과 일체감을 품고 있다.

흥

음주가무를 즐기는 민족이다. 크고 작은 모임에서

음주가무를 주저하지 않는다.

공동체 전체에 공명하는 흥의 정서를 통해 연대감(동무 관계)을

확인하고 부추긴다.

현대에서는 직장의 회식 문화로 자리 잡으며

직장에서 개인주의를 밀어내고 공동체(양심)의식을 확장하려

노력한다.

스스로 지니고 있는 본능적 욕구를 위축되지 않고 마음껏 발산한다.

한

누구라도 그러하듯이

왜소한 개별자가 천명(필연성)인 사회 시스템에 대한

억울함을 품고 있다.

1인 통치의 독재와 부조리한 제도,

공동체의 관습 등에 대해 쌓인 저항을,

참고 있으면서 표출하지 못한 총체적인 억울함의 응어리이다.

한을 풀기 위한 퍼포먼스로 세상을 향해 세상이 울리라고

함께 모여서 판소리를 외치고 풍악을 울리는 마당극을 한다.

정

동포 대비(동포의식에서 나오는 큰 사랑)의 끈끈한 정서이다.

인구밀도가 높아서 좁은 농지를 경작하며 밀집해서

농경 생활을 하면서

이웃 간 끈끈한 공동체의식이 성숙해졌다.

두레, 품앗이, 계 등 협동적 노동과

애경사에서 기쁨과 슬픔을 함께 나누는 축의금과

부조금 문화가 정착되어 있다.

가족이 아니어도 아버지, 어머니, 형, 누나, 이모, 삼촌 하며

가족처럼 호칭하는 끈끈한 연대의 정서가 있다.

양심과 이기심

인간의 마음을 양심과 이기심으로 나누고,

인성도 이기적인 사람과 양심적인 사람으로 나누어 평가를 한다.

양심은 막혀 있거나 협소한 마음이 아니고

열린 마음이고 대범한 마음이다.

사사롭지 않은 공정한 마음이다.

누구의 편도 아닌 중립의 마음이다.

서로 다툴 때에도

가슴에 손을 얹고 양심에 물어보라고 상대에게 요구한다.

누구에게나 보편적으로 있는 양심이

공정함과 정의를 잘 알려 줄 터이니

윤리학적 논리가 따로 필요하지 않다.

스스로 양심 성찰을 하면 된다.

인도 심리학에서 말하는 참나가 양심이고 에고는 이기심이다.

이기심은 생존본능이고 자기중심적인 개인주의이다.

양심은 보편성이라 공동체 생활을 위한 공동체의식이다.

누구나 양심을 지니며 살아가는 한국인들은

에고를 버리고 참나를 추구하는 심오한 명상이 따로 필요하지 않다.

인간은 성스러운 마음과 세속적인 마음을 함께 가지고 살아간다.

이를 일러 '성속일여(성스러움과 속됨이 하나이다)'라고 한다.

양심과 이기심은 한 마음의 이원성이다.

호연지기

부모가 자식에게 말해 주던 대표적인 가르침은

"호연지기를 길러라."이다.

무궁한 우주 자연의 가득한 기운(에너지)을 느끼고 받아들이며

그 기운과 인생이 함께하게 노력하라.

서양인들이 신이나 진리를 따르려고 끊임없이 노력했다면

한국인들은 자연을 유일한 절대자로 보고

자연현상의 배후에 있는 자연의 법칙을 이해하려고 노력하였다.

21세기 글로벌 정신문화의
현실과 평가

●
●
●

✦ 서양에서 전통 철학사상이 해체되고
편협한 과학적 자연주의 정신이 대세가 되었다

2,300년 전통의 철학 사상이 과학과 현대철학에 의해 해체되고
이제 주로 과학적으로 사유한다.
과학은 감성적, 이성(철학)적, 과학적, 영성적(직관) 앎과 느낌의
총체적 앎 중에서 하나일 뿐이다.

20세기, 21세기 지구촌 정신문화의 대세는
과학적 자연주의 정신이다.
과학 기술자들이 문명을 선도하고 있다.
물질 중심의 과학적 지식과 에너지가 넘치고
인문학적, 예술적 감성과 지성은 부족한 시대이다.
편협한 과학적 사고방식으로만 건설되는 문명과 정신문화는
총체적이지 않고 편협하다.

✦ 전통 종교가 스러짐

2,500년, 2,000년 전통의 종교들이 권위를 가지고 가르치던

인생의 정석이 스러지고 있다.

정신적인 권위와 인생의 정석이 없는 정신적인 방황의 시대이다.

자연과 인생은 전체성(보편성)과 개별성이 함께하며

조화로운 시스템이다.

공동체 전체가 함께 공유하는 가치관과

각자 다른 개인의 개별성이 어울리며

공동체와 개인의 삶은 더 힘이 있고 조화로울 수 있다.

전체에서 분리된 하나의 개별자는 왜소하고 왜소할 뿐이다.

종교란 무엇인가? 인간은 왜 끊임없이 종교를 지향할까?

왜소한 한 인간(개별자)이 무궁한 전체성을 동경함이다.

우주 자연의 전체 시스템 속에서 살면서,

자신의 왜소함과 부족함을 느끼며 자신의 안과 밖에 가득한

전체의식인 영성을 지향함이다.

개별성의 한계이고 필연성이다

✦ 감각(감성)적, 낭만적, 예술적 정서가 메마르다

지식과 물질 중심의 문명에서 인문학적 정신문화가 위축되고 있다.

예술, 생활 스포츠, 감성적인 맛과 멋, 놀이, 엔터테인먼트 등의

활동과 산업이 부족하다.

인생(먹고 잠자고 놀고 일하고)의 행복을 위해

자기가 하고 싶은 것을 마음껏 하며 살기 위해

본능적인 끼(맛, 멋, 흥)를 발산하기 위한 기회와 장소를 제공하는

감성적인 산업과 서비스를 필요로 하는 수요가 있다.
지구촌에서 한류를 소비하고 있는 원인이기도 하다.

✦ 깨달음과 수련이 부족한 서양식 명상과 영성 추구

서양인들이 인도식 명상을 공부한 후에,
정신의학적 스킬로 가공한 인스턴트식 명상으로
스트레스의 아픔을 치유하며
종교와 철학의 공백을 대신하려 한다.

인도와 동아시아인들은 진지하게 심오하게 오랜 시간 동안
깨달음과 명상을 추구했었다.
간헐적인 명상 프로그램으로 인생이 바뀌지 않음은
인도와 동아시아의 수천 년 경험을 통해서 알 수 있다.
서양인들도 기독교에서 열심히 기도했지만
성령과 일치되는 인생을 살기가 어려웠다.
그 원인이 있다.
영성본능과 생존본능이 함께 살아가는 시스템이므로 그렇다.

✦ 스트레스 심화

자본주의적 경쟁과 불평등,
탈종교로 인해 전체와 분리되고,
자기중심적 개인주의가 심화되며 사회적 신뢰가 약해지고 있다.
전체성 회복이 필요하다.

동무 관계 회복과 연대의식 확장이 필요하다.

현대인들은 스트레스로 몸과 마음이 아픈 환자들이다.

몸과 마음과 사회적으로 그리고 영성적으로도 건강하게 살아야

웰빙이고 건강한 인생이다.

✦ 대안(처방)

경제적인 세계화에 이어 정신적인 세계화가 필요하다.

각기 다른 종교, 사상적, 민족적 개별성을 이해하고 인정하며

보편적인 전체성(영성본능)의 확장이 필요하다.

각자 다른 생명체(개별성)의식으로 살지만

전체의식이고 생명의식인 영성을 중심으로 하는

정신적인 통합(공유)이 필요하다.

영성본능은 보편성이라

공감하고 소통하며 공동체 생활을 가능하게 된다.

✦ 신인류를 위한 새로운 사유체계가 필요하다

2,500년 전에 시작된 제1차 정신 혁명기 동안

구인류의 정신적 사유체계는 사실의 문제와 선택의 문제를

혼동하면서부터 혼돈이 시작되었다.

철학은 우주 자연의 객관적 사실을 탐구하고 말하는 학문이고

윤리는 우주 자연 시스템에서 인생을 살면서

어떤 선택을 하며 살 것인지

인생 중심의 주관적인 선택을 말하는 학문으로서
철학과 윤리는 출발과 결과가 다르므로 구분되어야 한다.

서양철학이 악을 버리고 선을 선택하면서
신과 진리(이데아)는 선하다고 주장하며
수많은 논설을 펼치며 장황한 주장과 반론에 변론을 하게 되었다.

인생의 고통을 버리고 열반을 선택하여 안주하는 길에 대해
에고를 버리고 참나를 선택하는 인생에 대해
8만 4천이라는 수많은 논설을 한 인도의 관념론도 마찬가지이다.

진리(실체, 신, 이데아, 참나, 부처)는 선하다고
단정적으로 선택을 해 놓고
선과 악이 함께 있는 세속적이고 감각적인 인생은 진리가 아닌
가짜(환상)의 세계라고 수많은 반론에 변론이 만들어지고
간결하지 않고 선명하지 않은 혼돈의 가르침이었다.

객관적, 철학적 사실:
선과 악, 사랑과 미움, 행복과 불행, 천국과 지옥, 자유와 평등이
이원성으로 함께 있는 시스템이다. 시스템은 천명이다. 필연성이다.
주관적, 윤리적 선택:
인간과 공동체적 인생의 바람(이상 희망)이 중심이 되어
주관적으로 선택하며 살아감이다.

선택은 언제나 인생의 대상이지, 이미 결정된 것은 아니다.

**신인류의 정신 사상은 철학과 윤리를 혼동하지 않고
구분해서 사유해야 한다.**

✦ 글로벌 인생학교가 필요하다

글로벌 인생학교의 역할
제2차 정신 혁명과 정신적인 세계화에 대한
연구와 공부가 필요하다.
과학(물질) 중심에서 생명 중심, 인생 중심의
지성인 학교가 필요하다.

21세기 신인류의 스마트한 글로벌 사유체계를 위해
'K-달관 사상'을 기본 교재로 하고
더 연구하고 비판하며 다듬어 나간다.

영성에 대한 깊은 공부가 필요하다.
신인류는 몸과 마음의 웰빙을 위해 생존본능보다 영성본능을
더 챙기면서 살게 될 것이다.

총체적인 인생 공부가 필요하다.
과거에 종교와 명상, 철학, 윤리학이 했던 역할을 대신

인생 멘토인 담임교사가 감당하게 하고
교사를 양성하는 학교에서 인생 교육을 전문으로 담당하는
담임학과 개설이 필요하다.

왜소한 개별자인 한 인간은
무궁하고 온전한 전체성을 지향하도록
시스템으로 되어 있다. 피할 수 없는 천명이다.
세계관, 자아 정체관, 인생관을 정립하는 인생 공부가 꼭 필요하다.

행복한 인생 공부가 필요하다.
모든 인생은 행복하기를 바란다.
고로 행복한 인생 공부가 꼭 필요하다.
하고 싶은 거 마음껏 선택하며 사는 공부하기.
행복의 길, 불행의 길을 내비게이션으로 보면서 살기.

동무 관계를 맺기 위한 놀이하기 공부가 꼭 필요하다.
학생 시절에 꼭 길러야 할 행복한 공동체를 위한 필수 코스이다.

지구촌 신인류의 사유체계로
'달관 사상'을 제시함

✦ 구인류의 철학사상과 오류

우주 자연의 모든 현상은 반드시 자연의 법칙을 따른다.

고로 우주 자연 전체는 당연한 시스템이다.

시스템은 천명이다. 필연성이다.

철학적으로 이해하고 인정할 수밖에 없다.

당연한 시스템 안에서 인생을 어떻게 살아갈 것인가는

인간 중심의 인간의 주관적인 선택의 문제이다.

구인류의 철학자들은

자연의 진리인 시스템과 인간의 선택인 인생과 윤리를

혼동하여 혼돈을 일으키며 수많은 논란을 일으킨

장황한 말쟁이들이었다.

✦ 달관 사상은

서양인들과 인도인들이 우주 자연의 이원성을

이분법적으로 이항 대립적으로 분리하고 취사선택하며

부분적으로 편협하게 사유하던 사유(철학)체계를

하나로 회통하고 통섭하는 총체적인 사유 시스템이다.

달관 사상에서
완성된 자연 시스템을 이해함은 깨달음(철학하기)이고,
인정하며 삶은 깨어 있기(명상 성찰)이다.
이-인-자 생활 명상은 달관 사상을 자기 안에서 꽃피우는
자신의 인생을 완성하고 구원하는 명상이다.

✦ 달관 사상의 키워드

원만구족론: 세상은 모자라지도 넘치지도 않는
이미 완성된 시스템이다.

원융무애론: 우주 자연 전체는 하나의 유기체(생명)이다.
세상은 끝없이 초연결, 초융합하며 있다.
불교의 연기법과 같다.

조화롭다: 세상은 이원성 정보와 개념으로 되어 있다.
이원성은 얽혀 있고 상보성 관계이고 동시성이다.
이원성이어서 세상은 조화롭다.
세상의 삼라만상은 모두 다르다. 다르니까 조화롭다.

유기체적 전체론과 기계적 환원론을 하나로 통섭한다: 개별자는 개별
성과 전체성을 함께 가지고 있다.

존재론과 인식론을 하나로 통섭한다: 존재(정보 에너지)와 인식이 만나야 앎(지식)이 생겨난다. 존재와 인식은 앎의 이원성이다.
생명체의 생존 시스템이다.

감각적 현실과 진리의 회통: 인간은 감각적, 과학적, 철학적, 영성적 앎과 느낌을 통해 세상을 이해하며 소통한다.
감각적 앎의 한계를
과학적, 철학적, 영성적 앎이 보완하며 살아가는 인생 시스템이다.

유물론과 유신론이 하나로 통섭된다: 정신과 육체(물질)가 분리된 생명체(동물)는 있을 수가 없다.
정신과 육체를 분리해서 하는 말은 실재하지 않는 허구적 가설이다.

알 수 있음(생명체 의식)이 정보를 만나야 앎(인식 지식)이 일어난다.
의식과 존재(정보)는 앎(인식)의 이원성 시스템이다.

선과 악은 한 마음의 이원성이다: 마음은 양심과 이기심, 두 개 성향을 가지고 있다. 얼마든지 선할 수도 악할 수도 있다. 동시성이다.
생명체 의식의 시스템은 생존본능(개별성)과 영성본능(전체성)으로 되어 있다.

참나와 에고는 한 마음의 이원성이다: 생명체 의식은 두 개의 본능적 시스템으로 살아간다. 영성본능과 생존본능.
영성본능은 의식의 전체성이고 생존본능은 개별성이다.

세상은 변함없이 변하고 있다: 유상함(변하지 않음)과 무상함(변함)이 동시성이다.

구공(텅 비어 있음)과 구족(가득 차 있음)이 동시성이다.

전자의 스핀과 회전, 지구의 자전과 공전은 변함이 없는 변화이다.

순환 운동. 원시반본.

종교와 명상은 무엇인가?: 왜소한 개별자의 무궁한 전체자에 대한 동경이다.

왜소한 개별성에 만족하지 못하는 개별자의 한계가 종교와 명상을 지향한다.

본능이다. 필연성이다.

이원성 전체를 이해하고 인정함이 달관적 중도이다.

부분적 취사선택이나 부분적 단정은 중도가 아니다.

총체적인 전체성이 중도이다.

구인류의 철학이 진리의 세계가 따로 있다고 주장한다.

그러나

천년만년 기다려도 진리적 현실은 오지 않는다.

세상은 지금 이대로 이미 완성된 진리의 세계이기에 그러하다.

우주의 눈 내비게이션으로 보기가 달관이다.

신인류는 나와 세상 전체를 한눈에 보는

객관적인 우주의 눈을 가졌다.

행복과 불행의 인생길을 보는 인생 내비게이션이 필요하다.

빅데이터

인류의 모든 지식이 뇌가 아닌 나의 손안(폰)에 있다.

인류의 모든 정보가 빅데이터에 모여 있다.

빅데이터는 지식의 총체이다.

나와 빅데이터를 AI가 폰에서 연결하고 있다.

초연결 초융합의 문명

불교의 연기법이 현실 문명으로 눈앞에서 구현되고 있다.

우주 자연은 처음부터 초연결, 초융합되고 있는

총체적인 시스템이다.

온라인은

총체적인 현실 세계를 온라인에 구현해 놓은 가상 세계이다

우주 자연의 정보가 가상 세계에서 총체적으로 펼쳐지고 있다.

온라인에는 정보만 있고 에너지는 없다.

에너지는 오프라인에 있다.

활짝 열려 있는 인터넷 바다에서 어디든지 헤엄치는 나는

스스로 캐릭터(개별자)이다.

제1장

동아시아의 총체적 자연주의의 눈으로 본
서양 정신 사상의 오류

• • •

1

• • •

세상은 변하는가, 변하지 않는가?
이 물음의 대답에 따라 철학적 사유체계가 다르게 결정되기도 한다.

불교 관념론에서 실체론 설정이 그러하다.
"영원히 변하지 않음이 실체이다.
세상의 모든 것은 서로 이어지며(연기법) 늘 변하니(무상함)
실체가 아니다.
고로 일체가 비어 있음이다(공)."

서양철학도 영원히 변하지 않으며 그 누구에게도 의존하지 않고
스스로 존재하는 형이상적 존재를 이데아(진리, 실체, 신)라고
설정하였다.

인도 관념론과 서양의 분석적 논리적 철학에서
영원히 변하지 않는 실체(진리)의 세계를
형이상적 가설로서 따로 설정하고
인간의 감각으로 인식하는 현실은 가짜라고 무시해 버림으로써
2,300년 동안 왜곡되는 사유의 역사가 시작된다.

진리는 영원히 변하지 않아야 한다는 가설은
천년만년 실재한 적이 없는 결코 확인할 수 없는 허구이다.

우주 자연은 천년만년 변함없이 변하고 있다.
변함과 변하지 않음이 이원성이고 동시성이다.

지구와 태양과 우주는 변함없이 스스로 자전과 공전을 한다.
원자 안에서 전자는
변함없이 쉬지 않고 스스로 스핀과 회전을 한다.
직진 운동을 하지 않고 변함없는 자리에서 회전을 하므로
에너지로 된다.
자연은 처음으로 되돌아가며 순환하며
변함없이 정체성을 유지하며 변화하고 있다.
세상은 변한다고 단정적으로 말하면 오류이다.
변하지 않는다고 단정적으로 말하면 오류이다.

천년만년 인류의 인생은
감각적 정보와 지식으로 언어를 만들고 서로 소통하며
살아가고 있다.
서양과 인도 사상이 말하는 변함이 없는 진리(신)와 실체의 세계가
현실로 나타나 인류를 구원한 적은 없다.
그것은 관념 속에만 있는 허구적인 설정이기에 그러하다.
감각적인 정보와 언어로 소통하며 살아가는 현실 인생이

주류 인생이다.

결코 환상이거나 가짜가 아니다.

변하지 않는 세상에서는 생명체들이 살아갈 수가 없을 터이다.

변하지 않음이란

에너지가 없고 시간이 없고 정지되고 죽어 있다는 말이 된다.

그러나 우주 자연의 모든 것은 에너지이다.

살아서 운동하고 있다.

에너지는 쉬지 않고 운동(회전)하고 운동하니 시간이 있게 되고

시간이 있으니 생명이 살아있게 된다.

정지된 생명이란 있을 수가 없지 않은가.

영원히 변하지 않는 진리는

인생에 있어 아무 쓸모 없는 환상일 뿐이다.

2
서양의 철학적 사유체계의 태생적 오류

• • •

서양의 사유체계는

고대 그리스의 자연주의 철학 사상(제1차 정신 혁명 시작)-중세기 기독교 신본주의 사상-근대 이성 중심의 전통적인 철학-포스트모더니즘과 전통철학의 해체-과학적 자연주의 사상의 세계화.

신본주의-인본주의(르네상스)-과학적 자연주의로
변신의 철학 역사이다.

동아시아의 총체적 자연주의 사유체계는 변하지 않고
일관되게 더 성숙하고 있다.

서양철학의 오류의 원죄는 분리적 선택이다.
결코 분리할 수 없는 총체적인 유기체(시스템)를 분리하고
(인간이)주관적 선택을 하고 그 선택이 진리라고
단정적으로 말하는 원초적인 오류이다.
마음의 이원성인 선과 악 중에서 선을 선택하고
진리는 변함없이 선하다고 주장한다.
선과 악이 함께 있는 인간의 감각적 현실은

진리가 아니고 가짜라고 폄하한다.

서양철학의 오류의 원죄는
선과 악이 함께 있는 사실(진리)에서
인간의 주관으로 선을 진리라고 선택적 단정을 함으로부터
시작된다.
천년만년 인류 역사에서 선과 악은 분리된 적이 없는데.

동아시아의 일원론적이고 유기적이고 총체적인
이미 완성된 전체 시스템으로 보는 세계관과 다르다.

유기체적 전체론과 기계적 환원론은 서양철학의
오래된 논쟁거리이다.
하나의 인간 생명체를 분해하고 분석해서 하나의 세포에 집중하고
인간과 인생은 하나의 DNA를 지키고 다음 생에 전달하는
기계에 불과하다고 쓴 '리처드 도킨스'의 책에 열광하는 현상은
현대까지 살아 있는 서양인들의 분리주의적 태도와 정서를
잘 말해 주고 있다고 할 수 있다.

근래에는 시스템생명대학이라고 대학의 이름을 바꾸고
시스템생물학과 시스템생태학과를 새롭게 개설하며
도킨스의 DNA 중심의 분리주의적 생명 논리는 해체되고 있다.
생명 시스템은 생태계 전체를 품고 있는 우주 자연 시스템이다.

우주 자연의 지수화풍에서 어느 것 하나만 분리하여 누락시켜도
생태계는 허물어져 성립되지 않는다. 결코 분리할 수가 없다.

왜 서양인들은 분리적, 분석적 사유에 집중할까?

인도어도 유럽어계에 속하고
유럽어는 분석적, 논리적 구조를 가진다는 평가와
무관하지 않은 듯하다.
인도 심리학의 분리적, 분석적 논리도
유럽에 뒤지지 않는다고 보인다.
마음이 언어를 만들고 또 언어가 마음을 이끌고 있음이다.

처음에 플라톤이 이데아와 감각적 현실로 분리하고
기독교가 신, 인간, 자연을 분리하고
근대에는 이성적 앎과 감각적 앎으로 분리하였다.

**서양철학과 인도철학이 감각적 현실과 진리의 세계를
분리하게 된 원인이 있다.**
객관적으로 사실을 보아야 하는 철학과
인간의 주관으로 바람직한 인생과 윤리를
선택하려고 하는 윤리학을
구분하지 않음으로써 일어난 혼돈이다.

제1차 정신 혁명 이래 인류의 철학과 종교 사상이 모두
선과 악에 대하여 철학적으로 사유하면서
"진리는 선하다."라고 선택적으로 단정을 함으로써
선과 악을 함께 가지고 있는 인간성은 진리가 아니라고
단정하게 되고
변함없이 선한 이데아의 세계를 이상세계로 따로 설정하게 되었다.

불교와 힌두교도 인간의 생로병사의 고통에서 벗어나는(해탈)
인생의 길을 과제(깨달음)로 설정하여 전제로 해 놓고
인간의 선택인 그 길을 찾아 깨달음을 얻은 다음
인간의 마음을 참나(무아)와 에고로 분리하고
참나(무아)를 선택하고 에고를 버려야 인생의 고통으로부터
자유로울 수 있다고 가르친다.

인생은 몸 중심의 생존본능(에고)과 전체의식인 영성본능의
이원성 의식으로 된 시스템이다.
두 의식은 한마음이라 분리되지 않는다.
인생은 주로 자율신경인 교감신경에 따라
생존본능(에고)이 앞장서서 반응하며 살아간다.

제1차 정신 혁명기의 2,500년 역사는 객관적인 사실의 철학과
주관적인(인간, 인생, 공동체 중심) 선택의 윤리를 구분하지 않은
혼돈의 역사이다.

주관적 선택을 객관적 진리라고 억지 주장을 하기 위해
장황한 논리와 변론이 필요하게 되었다.
철학은
선과 악, 사랑과 미움, 천사와 악마, 천국과 지옥, 정의와 불의,
평등과 불평등, 자유와 부자유 등
이원성으로 조직된 시스템인 우주 자연의 객관적인 사실을 말하고
윤리는
인생과 공동체를 중심으로 선과 악, 사랑과 미움, 행복과 불행 중에
어떤 선택을 하며 살고 싶은가를 말하면 된다.

사실적 철학과 선택적 윤리를 구분해서 말하면
복잡하지 않고 간결해지고 선명해진다.

그러나 신과 진리는 선하다, 사랑이다, 아름답다고 단정하며
인간의 주관적이고 이상적인 선택을 진리적 사실이라고
왜곡된 주장을 하며 대중에게 가르쳐 왔다.

3

동아시아의 세계관은 2,500년 전부터 일관되게 총체적 자연주의이다

• • •

✦ 동아시아의 천지인 사상과 태극 사상은 총체적이다

천지인(자연의 법칙, 자연현상, 인간) 3요소는 수평적이고

통섭적인 관계이고 이미 완성된 전체이다.

이를 의심한 적이 없었다.

음과 양의 두 가지 상반되는 성질은 하나의 태극 안에 있다.

음과 양은 얽혀 있고 중첩되어 있고 동시성이고 상보성 관계이다.

하나의 두 가지 성질, 이원성이다.

동아시아의 태극 사상은

하나의 원자 안에서 양전하와 음전하가 서로 밀고 당기며

스핀과 회전을 하며 에너지로 된다고 하는

현대 양자물리학 이론과 다르지 않다.

한국인들의 사유체계는 실체나 인격신을 따로 설정하지 않은

총체적 자연주의이므로

다른 종교도 크게 저항하지 않고 수용할 수 있었다.

1,600년 전부터 불교 사상을 수용했고 200년 전에는 기독교 사상도 수

용하고 함께 어울리며 살아가고 있다.

2,500년 전에 노자는

세상은 아무 부족함 없이 이미 완성되어 있고

진리는 간결하다고 《도덕경》에서 말하고 있고,

2,500년 전 제1차 정신 혁명 이래 동아시아의 사유체계는 간결하고 차
분했었다.

인도 관념론과 서양 논리학의

다양하고 치열한 주장과 반론과 변론의

소란스러운 말잔치처럼 복잡하지 않았다.

그리하여 인도유럽어는 분석적이고 논리적이라는 평가도 있다.

✦ 21세기 한국의 달관 사상은

편협한 과학적 자연주의를 넘어

생명 중심, 인생 중심의 총체적인 사유를 하자고 한다.

생명은 살아 있는 유기체인 우주 자연 전체를 말한다.

생명, 인생, 우주 자연 전체는 분리되지 않는

이미 완성된 하나의 시스템이다.

시스템은 천명(하늘의 명, 필연성)이다.

자연의 법칙도 하늘이다. 천명이다. 필연성이다.

인간이 태어나기 전부터 이미 정해진 시스템이다.

인간의 힘으로는 어찌할 수가 없는 필연성이다.

생명 시스템을 이해하고 인정하며 삶이 지혜로운 인생이다.
시스템 안에서 초연결, 초융합된 전체와 개별자 사이에
무궁한 생성과 변화의 창발성이 일어나며 홀론 현상들이 가득하다.
원자들이 융합하여 분자가 되고 분자들이 결합하여 물질이 되고
물질이 모여 기관과 조직이 되고 유기체(시스템)를 이룬다.
또 유기체들이 모여 생태계를 형성한다.
전체 생태계의 정보와 에너지는
생명체 하나하나와 얽혀 있고 중첩되어 있다.

얽혀 있고 중첩되어 있는 전체성과 개별성 사이의
무궁한 스펙트럼에서
한 인간은 마음껏 헤엄치며 탐구하고 무궁한 선택의 자유를 누리며
권태롭지 않게 조화롭게 생로병사의 인생을 살아 낼 수 있다.
우주 자연의 무대는 허공이어서 원초적으로 막혀 있지 않고
열려 있다. 이어져 있다. 그러니까 초연결, 초융합이다.

K-달관 사상은 총체적 자연주의 사상이다.

✦ '세상은 변한다'라고 단정해서 말하면 오류이다

변함과 변하지 않음이 함께 있다.
세상은 변함없이 변하고 있으므로 온전하다.
원자 안에서 전자의 스핀과 회전, 지구의 자전과 공전은
천년만년 변함없이 운동(변화)하고 있다.

'영원히 변하지 않음이 실체'라는 설정은

결코 실재할 수 없는 언어적 유희일 뿐이다.

변하지 않음은 에너지가 없는 정지된 죽음 상태이다.

그러나 우주 자연은 전체가 에너지이고 살아 있고

변함없이 변화하고 있다.

변함없이 변하고 있는 지금 이대로가 실체이고 진리적 현상이다.

하루하루는 다르지만 날마다 새벽이 변함없이 찾아온다.

변함없이 봄, 여름, 가을, 겨울이 반복되며 지속된다.

하늘에서 비가 오고 낮은 곳으로 물이 흐르고 바다에 이르고

다시 하늘로 올라 눈비로 내리며 순환함이 결코 변함이 없다.

순환함이 변하면 생명체들은 멸종에 이르게 된다.

암컷(음)과 수컷(양)이 만나 씨알(DNA)이 만들어지고(창발)

씨알은 다시 암컷과 수컷이 되고 다시 또 씨알을 만들며

천년만년 변하지 않고 반복(순환)한다.

자연은 기본적으로 회전(순환)운동을 한다.

그러므로 자연의 현상들이 변함없이 순환한다.

천년만년 변하지 않는 자연의 순환을

'K-달관 사상'은

이미 완성된 시스템이라고 말한다.

완성된 전체 시스템이 하나뿐이라 유일한 절대자(실체)이다.

✦ '세상의 삼라만상은 다 다르다'라고 단정적으로 말함은 오류이다

같으면서 다르다. 같음과 다름이 얽혀 있고 중첩되어 있다.

자연의 법칙은 보편적(같음)이어서 모든 현상의 원리가 된다.

자연현상은 보편성(같음)과 개별성(다름)을 함께 가지고 표현한다.

하나의 생명체인 인간은 팔, 다리, 머리, 가슴 등

각기 다른 여러 기관을 가지고 있고 60조 개의 세포는

하나하나 다르면서 또 전체가 하나로 유기적으로 융합되어 있어서

분리할 수가 없다.

부분적으로 각기 다르게 생기고 다른 역할을 하지만

모두 함께 하나의 생명체를 이루는 같음이 동시에 있다.

70억 인류는 모두 다르지만

다른 종과 다른 인간, 인류, 생명체라는 같은 카테고리로 묶인다.

지구촌의 생명체들은 다양하지만 같은 하나의 자연 속에서

같은 생명력에 의해 살아간다.

여자와 남자는 다르지만 인간이라는 같음을 함께 지니고 있다.

지구촌에 수많은 빛과 그림자가 있지만

모두 같은 태양 빛의 반사이다.

날마다 다른 생각을 하지만 똑같은 하나의 마음이 한다.

시시각각 얼굴 표정이 변하지만 똑같은 하나의 얼굴이 변함이다.

4

플라톤의 이데아론은 칸트까지 2,300년이나 이어진다

• • •

'이데아'라는 진리의 세계를 형이상학적으로 설정하고
감각적인 현실 세계를 가짜의 세계라고 설정하였다.

중세기에는 절대적 진리인 인격신의 세계에 빠져서
1,000년이 넘게 신앙하고 숭배하며
피조물인 인간성은 왜소하게 움츠리며 위축되었다.
허구적이고 가설적인 형이상학적 설정에 의해
인도인들과 서양인들의 예고 중심의 세속적인 현실 인생은
2,000년이 넘는 세월 동안
<u>스스로 움츠러들고 주체적이지 못했었다.</u>

심지어 서양철학자들은
자신들처럼 심오하고 장황하게 사유하지 않는다고,
세상과 인생 전체를 이미 완성된 전체(시스템)로 이해하고 인정하며
간결(소박)하고 조용하게 살아가는 동아시아철학을
인식론과 존재론이 없다고 조롱하는 기염을 토하기도 한다.

✦ 서양의 대표적인 철학자로

플라톤, 아리스토텔레스, 토마스 아퀴나스, 칸트, 헤겔,

5인을 세우기도 한다.

플라톤의 이데아론과 아리스토텔레스의 논리학은 칸트에 이르러

완성되었다고 평가한다.

플라톤에서 칸트까지 2,300년간 서양의 전통적인 사유체계는

스피노자의 무신론적 범신론 철학에 의해 틈이 생기기 시작하고

마르크스의 유물론, 프로이트의 무의식, 니체의 신에 대한

사망 선고와

프랑스 해체주의 3인방의 철학적 논리에 의해 허물어져 버린다.

결정적으로는 세계화된 과학적 자연주의 정신에 의해

설 자리를 잃고 있다고 할 수 있다.

과학적 자연주의 정신으로 본 세상은

형이하적 자연현상과 형이상적 자연의 법칙만 있다.

동아시아의 총체적 자연주의와 다르지 않다.

소크라테스, 플라톤, 아리스토텔레스는

지구촌의 제1차 정신 혁명 국면에서 서양철학의 선구자였다.

데카르트는 근대철학의 아버지, 칸트는 서양 전통철학의 완성자로

니체는 현대철학의 아버지로 평가한다.

✦ 플라톤의 사유체계는 이분법적, 이항 대립적이다

불완전한 감각 중심의 현실 세계와

변하지 않는 진리의 이데아 세계로 분리하고

이데아를 이상적인 진짜 세계로,

감각적인 현실을 가짜 세계로 설정하였다.

이데아는 감각으로 알 수 없으며 이성으로만 접근이 가능하다.

그 영향으로 전지전능한 인격신이 설정되고

수직적(위계적)인 관계 설정, 본질과 속성, 실체와 현상, 진리와 현상으로

이분법적으로 설정하며 하나의 생명체 의식인 감각과 이성을

분리하는 오류를 범하고 있다.

오히려

인간의 감각적 앎과 느낌이 시스템적 직관이고

이성적 사유는 인간이 구성하는 인간적 주관이다.

플라톤 철학의 오류는

"진리는 선하다."라는 주관적 선택으로부터 시작된다.

그리하여 플라톤의 철학은 이항 대립적이다.

✦ 동아시아의 노자는 이항 대립이 아닌 '상반상성'이라고 한다

서로 반대되는 성질이 서로를 이루어(성립) 주고 있다고 본

노자의 세계관은 해체되지 않고

21세기 K-달관 사상에서 이원성으로 다시 조명되고 있다.

이원성은 하나가 가지고 있는 두 가지 성질이다.

이원성은 상보성, 동시성, 일체성이고 얽혀 있고 중첩되어 있다.
세상은 이원성 시스템이라 에너지로 되고 조화로울 수 있다.

✦ 서양의 철학은 이성적 사유와 논리적 표현으로

사유체계를 이끌어 간다.

논리학 1: 아리스토텔레스에서 시작하여 칸트에 의해 집대성된 2,300년 역사를 갖는 머릿속에서 어떻게 생각이 탄생하고 어떻게 생각이 확장되며 어떻게 오류가 머릿속에서 생겨나는지 탐구하는 논리학으로 연역법적이다.

논리학 2: 19세기 초에 주창된 헤겔의 변증법적 논리학. 인간의 머릿속 생각이 아니라 이 세계 자체의 절대 지식, 참된 진리가 나타나는 모습을 탐구하는 논리학.

논리학 3: 프레게에 의해 제안되었고 언어철학, 분석철학 등으로 발전하는 수학의 한 분과로서의 수리논리학.

아리스토텔레스의 논리학은 완성도가 높아서 2,000년 동안이나 더 진보하지도 후퇴하지도 않았다. 근대에 이르러 독일 관념주의 철학자 칸트가 완성했다고 평가한다.

✦ 데카르트는 기독교 암흑시대의 문을 반쯤만 열고 인간이 이성적 사고의 세계로 나서게 했다

데카르트는 서양 근대철학의 아버지로 평가받고 있다.

스피노자는 데카르트에서 더 나아가 문을 활짝 열고
초월적이고 인격화된 신과 과감하게 결별하고
수평적인 범신론적 자연주의 세계관을 천명하였다.
신과 자연을 분리하여 신을 여전히 살아 있게 하고,
사유(정신)와 연장(물질)을 분리하는 데카르트의
이분법적인 논리에 대해
초월신을 부정해 버리고 사유와 연장을 일체화하는
자연주의 철학으로 혁신해 버렸다.
인격화된 초월적인 신에 주눅 들어 있었던 서구인들은
처음에 스피노자를 무신론자라고 비난하고 비판하였다.
전폭적으로 환영하지 못했다.

스피노자는
2,500년 전, 1차 정신 혁명기에 이미 정립된 동아시아의
무신론적 자연주의와 유사한 범신론적 자연주의를
1,000년의 이성적 암흑기를 통과한 후 17세기에
처음으로 서양에서 제시한 인물이다.
범신론적 자연주의는 한국의 인내천 사상과 다르지 않다.

스피노자의 난해하고 장황한 철학 체계는
한국의 '스스로'라는 말 한마디로 다 덮어 버릴 수 있다.

✴ 자연 전체는 전체 스스로이고

삼라만상 개별자들은 개별 스스로이다.

개별 스스로는 전체 스스로와 유기적으로 연결되고 융합된

전체의 요소이다.

개별 스스로는 일정한 독립성과 개별성을 가진다.

스스로는 홀로라 절대자이고 직접 당사자 자체이고

직접 인식하고 판단하는 유일한 주체이다.

자연법칙과 함께하므로 스스로 당연함이다.

모든 개별자는 전체성과 개별성을 동시에 이원성으로 가지고 있다.

스스로는 이미 완성된 시스템이다.

스스로는 유일한 하늘님(절대자)이다.

'스스로'란 말뜻인 위의 단 9줄의 간결한 글로써

어렵다고 소문난 스피노자의 기하학적 논증들이 담겨 있는 책

《에티카》의 철학적 내용을 다 설명하고 있다고 말할 수 있다.

"진리는 간결하다, 복잡하면 진리가 아니다."

형이상의 진리는 형이하의 세계에 다 나타나 있으므로

자연의 모든 현상은 반드시

자연의 법칙에 의해 나타나고 변하고 한다.

고로 모든 현상은 당연한 것이다.

'스스로' 사상은

모든 현상은 실체성을 내재하고 있다고 보는 스피노자의 범신론과

다르지 않다고 할 수 있다.

한국인들은 스피노자의 철학이 친숙하다.

동아시아의 총체적 자연주의와 근접해 있으므로

서양 근대의 여러 철학자 중에서 스피노자의 철학은

비교적 현대적으로 느껴진다.

현대는 과학적 자연주의 사상이 대세이므로 그러하다.

그러나

동아시아의 자연관은 직관적이고 스피노자의 자연관은 분석적이다.

동아시아에서 직관은

자연 자체인 스스로의(인간도 자연이다) 앎이므로

내재적(시스템)이고 선험적이고 당연함이다.

직관은 주관이 아닌 객관적으로 보고 느끼며 앎이다.

감각적(개별성 의식) 직관과 영성적(전체성 의식) 직관이

얽히고 회통하며 통섭하는 총체적인 앎에 다다르게 된다.

"생각하므로 존재한다."라며 데카르트처럼 직관을 의심하지 않는다.

서양에서 중세 암흑기에 종교적 파문을 당하면서까지

스피노자가 가장 용기 있게 수평적이고 통섭적인 자연관을

제시했다고 볼 수 있다.

✦ 칸트에 대한 평가

플라톤 이후 전통 서양철학을 칸트가 완성하였다.

칸트 이전의 철학은 모두 칸트에게로 흘러 들어가고

칸트 이후의 철학은 모두 칸트로부터 흘러나온다.

5

. . .

서양 전통 철학을 해체한
서양의 현대 철학과
과학적 자연주의

✦ 포스트모더니즘과 해체주의의 시작

플라톤에서 칸트에 이르는 서양의 전통 철학적 사유체계는
유물론적 과학적 사유와 포스트모더니즘 운동을 맞이하며
해체되기 시작한다.

논리실증주의

20세기 초에 빈대학교에서 "형이상학은 헛소리다."라는
급진적인 철학이 등장.
실험과 검증을 통한 과학적 명제만이 의미가 있고
검증이 불가능한 형이상학적 명제는 의미가 없다고 주장.
20세기 중반에 실증주의 철학자인 콰인이
《경험론의 두 도그마》라는 논문으로 논리적 실증주의를
해체해 버린다.
이로 인해 논리실증주의는 철학계에서 사라지게 된다.

콰인의 인식론적 전체론

진리는 개별 명제로 환원되지 않는다.

명제 가설 하나하나를 검증하는 것은 불가능하다.

명제들은 다른 명제들과 세트로 그리고 언어 세계의 맥락 속에서

의미가 있다고 말하며 진리에 대한 큰 그림을 바꾸어 버렸다.

분석명제와 종합명제가 명확히 구분되지 않는다.

과학, 형이상학, 철학이 명확히 구분되지 않는다.

진리는 그냥 통째로 있는 것.

진리는 개별적인 명제들의 집합이 아니라

전체적인 그물망으로 보아야 한다.

콰인은 경험론을 계승했고

모든 학문이 물리학이어야 한다고 생각하고 유물론도 옹호함.

원래 논리실증주의자였으나

자신만의 방식으로 논리실증주의를 발전시키려다

내부 총질을 하여 다른 실증주의자들을 모두 죽여 버리게 됨.

콰인의 인식론적 전체론은 애매모호하고 대안이 없다고

평가되기도 한다.

콰인의 애매모호한 인식론적 전체론과 비교해서

K-달관 철학은

전체를 이미 완성된 시스템으로 보고

'인생의 완성 구원'이라는 인생의 완결이 있다.

콰인의 분석명제와 종합명제는

K-달관의 전체성 개별성 명제와 유사하다.

진리를 전체적인 초연결, 초융합의 그물망(리좀형)으로 봄도
'유기체론(시스템)'과 다르지 않다. 그러나
"진리는 개별적 명제들의 집합이 아니라
전체적인 그물망으로 보아야 한다."
라는 주장에서 개별자의 일정한 독립성(개별성)을 무시하고
전체성만 강조하는 경향이 있다.

K-달관 사상은
개별자의 개별성은 일정한 독립성이 있다고 보고
하나의 생명체는 직접 인식하고 행동하는
주체성을 가진다고 이해한다.
그리고 개별자는 전체성(보편성)을 함께 가지고 있어서
다른 개별자들과 연결되고 융합되며 전체 유기체를 이룬다.
개별자는 개별성과 함께
전체성을 함께 가지고 있다고 전제함으로써
개별적인 명제들이 전체적인 그물망(시스템)에서
시스템의 필연적인 요소로, 스스로 당연한 당위로
참여하고 있다고 말할 수 있게 된다.
K-달관 사상에서
삼라만상 하나하나도 스스로이고 삼라만상 전체도 스스로이다.
스스로는 홀로이고 유일한 자(존재)이며 상대가 없는 절대성이다.

콰인이 종합명제를 말하면서

정신과 물질을 분리하고 유물론을 지지하며
이분법적인 편협함을 보이고 있다.

K-달관 사상은 정신과 물질을, 인식과 존재를
하나로 회통하며 통섭하는 일원론적 총체적 자연주의이다.

"진리는 개별명제로 환원되지 않는다."라고 단정적으로 말하면서
전체성을 강조하고 개별성을 무시하는 오류를 범하고 있다.
전체성과 개별성을 함께 가진 개별자는
일정한 독립성과 개별자의 특성을
정보와 에너지로 선명하게 표현하고 있다.
개별자의 정보와 에너지를
생명체 의식이 인식하고 반응하며 공감하고 공유하며 살아간다.
전체자는 전체적인 정보와 에너지를 가진 전체성이 있고
개별자는 개별적인 정보와 에너지를 가진 개별성이 있고
전체자와 개별자는 얽혀 있고 중첩되어 있고
동시성이고 일체성이고 상보성 관계로 하나의 완성된 시스템이다.
전체성과 개별성은 세상의 본질적이고 대표적인
두 가지 대등한 특성이다.
어느 특성도 무시되거나 폄하되어서는 안 된다.

전체도 진리이고 개별자의 개별성도 진리이다.
모든 개별명제는 반드시

자연의 법칙(진리)을 따라 나타나고 변화한다.

고로 모든 현상은 당연한(진리의 나타남) 것이다.

프랑스 해체주의자 3인방

들뢰즈: 중심부와 주변부를 해체하고

나무형 세계관을 리좀형 세계관으로 혁신.

나무형 사유 방식: 중심과 주변부로 나눔.

리좀형 사유방식: 사물 간의 그물망 관계에 주목.

데리다: 진짜와 가짜를 해체하고 차연 개념을 제안.

푸코: 정상과 비정상을 해체.

정상과 비정상의 단정적이고 절대적인 구분은 없다.

시대와 환경에 따라 달라진다.

정상과 비정상 사이에 넓은 회색 지대가 있다.

서양 전통철학의 해체주의자들: 스피노자, 니체, 프로이트, 마르크스, 들뢰즈, 콰인, 푸코, 데리다.

✦ 서양 정신의 이상이 현실을 구원하지 못했다

그리스 신화-고대 그리스 철학-중세 암흑기, 신본주의 아브라함 계열 기독교 사상-르네상스-근대 이성주의 철학사상-과학혁명-(전통철학사상을 해체하는)해체주의 철학사상-뉴에이지 운동(동양과 서양이 만남)-글로벌 과학적

자연주의 사상과 문명 건설의 과정을 거치며

경제적 세계화를 선도하였다.

서양인들의 환원주의적, 분석적, 실증주의적, 합리적 사유체계가

근대와 현대에 과학혁명을 일으키고

과학적 자연주의 사상과 경제적 세계화를 선도하게 하였다.

서양 정신의 이상인

이데아 중심의 사유체계에서 이어지는 중세 암흑기에

기독교적 절대 권위를 옹호하고 마녀사냥을 하고 면죄부를 팔고

종교전쟁을 주저하지 않았다.

온전한 사유체계라고 신앙하는 근대 이성 중심의 사유체계에서도

노예사냥과 노예무역을 하고 깡패처럼 힘을 과시하고 약탈하는

침략 전쟁과 1차, 2차 세계대전까지도 주저하지 않았다.

서양에서

이데아, 이성, 신, 진리, 실체, 본질 등 형이상적이고 관념론적인

이상세계를 설정하며 가르쳤지만

세속적인 현실 인생을 구원하는 데 전혀 성공하지 못했다.

인류의 역사는 생존본능과 영성본능이 함께 공존하는 역사이다.

생존본능은 치열하게 생존경쟁을 하며

폭력, 약육강식, 약탈 전쟁을 서슴지 않는다.

영성본능은 종교를 장엄하게 치장하고 숭배하고 명상을 하고

이기심을 절제하고 공동체에서 양심을 차리며

윤리적으로 살고 싶게 한다.

인류의 역사는 양심과 이기심이 얽히고 중첩되어

함께 살아온 역사이다.

서양철학이 아무리 심오하게 형이상학적 이데아와 실체를 설정하고

논리학을 구축하고 정신을 분석하며 사유의 향연을 펼쳐도

결국은 양심과 이기심, 영성본능과 생존본능에 따라

자신의 생존을 지키고 공동체 생활을 함께하며 살아간다.

한국인들은 누구나 너무나 당연하게 일상적으로

양심과 이기심의 두 마음으로 살아간다.

인도인들처럼

깊이 명상을 하며 참나를 찾고 에고를 버리려고 애를 쓰지 않는다.

이기적이고 세속적인 자신(에고)을 늘 양심의 눈을 뜨고 성찰하고

공동체에서도 양심적인 사람인지 이기적인 사람인지

간결하게 인성을 평가한다.

✦ 인도의 관념론이 에고 중심의 현실 인생을 구원하지 못했다

인생의 주체인 에고는 조금도 해체되지 않았다.

복잡한 인도적 관념론은 과학적 자연주의를 만나

자중지란에 빠져 있다.

에고를 버리고 참나 마음을 지향하라고 가르치면서

한편으로는 불평등하고 위계적인 신분제도인 카스트 제도를

오랫동안 유지하는 현실적 모순을 안고 있다.

지금 인도인들은 오직 물질적으로 더 풍요로워지고(소유욕) 싶어서

과학적 자연주의 정신을 열심히 신앙하며 실천하고 있다.

천년만년 변함없이 인류는 에고와 참나, 두 마음으로 살아왔다.

에고를 이해하고 인정하며 함께 살 수밖에 없다.

에고는 인생을 고통스럽게 하는 원인이지만 또 한편

인생에서 즐거움과 행복을 느끼게 하는 주체이기도 하다.

✦ 서양 현대철학의 요약

2,300년이나 지속된 서양 전통 사유체계의 해체와

과학적 자연주의 문명 안에서

존재감 없는 현대철학의 현상에 대한 이해를 돕기 위해

인터넷에서 '현대철학'을 검색하여

잘 요약된 다음의 글을 인용하였다.

서양 현대철학(Contemporary Philosophy)

현대의 철학사상은 이미 19세기 중엽의 헤겔 철학에 대한 반동에서 서서히 태동하였고, 1930년대를 전후하여 그 전체적인 윤곽을 드러내었다.

19세기 독일 철학의 정상이었던 헤겔 철학의 붕괴는 헤겔학파 내에서 L.포이어바흐의 헤겔 반박을 거쳐 마르크스의 변증법적 유물론을 탄생시켰고, G.W.F.헤겔의 합리주의적인 절대관념론에 반발하고 나선 S.A.키에르케고르와 A.쇼펜하우어의 비합리주의 철학은 F.W.니체를 통해서 현

대의 생의 철학과 실존 철학으로 발전하는 계기가 되었다. 이와 같은 시기에 영국에서는 경험주의를 토대로 한 신실재론(新實在論)과 분석 철학에서는 빈의 논리실증주의가 결합되어 발전해 갔다.

헤겔 철학의 반박에서 시작된 철학의 여러 경향과 함께 신(新)칸트주의 철학은 20세기 철학으로 넘어가는 과도기에 중요한 위치를 차지하였다. 그러나 현대철학을 이해하는 데 중요한 사상가들은 1930년대까지 출판된 저서들에서 분명하게 드러난다. 이 무렵에는 M.하이데거의 《존재와 시간》(1927), K.야스퍼스의 《철학》(1932), B.러셀과 A.N.화이트헤드의 《수학원리》(1910~13), R.카르나프의 《세계의 논리적 구성》(1918), L.비트겐슈타인의 《논리철학논고》(1921)를 비롯하여 J.듀이, E.카시러, H.베르그송, E.후설, G.E.무어, G.루카치 등 현대철학자들의 핵심적인 사상을 담은 저서들이 출판되었고 이들이 철학적 논의의 대상이 되어 오늘날까지 깊은 영향을 주고 있다. 현대철학이 전개되는 과정에서 가장 큰 영향을 준 것은 자연과학의 발달이라고 할 수 있다.

아인슈타인의 상대성이론과 플랑크의 양자물리학을 비롯한 현대과학의 성과들은 근대철학이 기반으로 삼았던 뉴턴 물리학에 도전하게 되었다. 실체개념이나 절대시공(絶對時空)의 관념 위에 세웠던 근대철학의 절대이념이 흔들리게 된 것이다. 또한 생물학의 발전은 인간 이해에 대한 새로운 측면을 제시하였고, 특히 S.프로이트나 C.G.융의 심리학은 인간의 무의식 세계의 탐구를 토대로 지금까지 신뢰해 왔던 이성의 절대적 권위에 대한 의심을 가지게 하였다. 자연과학의 발달과 함께 새로운 수학의 발전은 철학의 대상과 방법에 대한 반성을 불러일으켰다. 현대철학 형성에 영향을 끼친 다른 요인은 정치사회적인 변동이라고 할 수 있다. 제1, 2차 세계대전은 인간존재의 생존에 대한 불안을 가중시켰을 뿐만 아니라 이데올로기의 양극현상을 심화시켰다. 이에 따른 철학적 논의의 대상이 좀 더 구체적인 인간문제와 사회문제로 집중되어 갔다.

이와 동시에 산업혁명 이후 가속화된 공업화는 현대사회에 필연적인 부조리를 안겨 주어 이 문제의 극복이 철학적 관심의 주제로 부상하게 되었다. 이러한 여건 아래 현대철학은 근대철학에서와는 전혀 다른 자기 모습의 새로운 전개가 요청되었다. 그러므로 현대의 철학사상을 일목요연하게 설명하기란 힘든 일이다. 그 이유로는 현대의 철학사상들이 점진적으로 유럽 중심에서 탈피하여 지역적인 특성에 따라 발전해 가고 있다는 점을 고려해야 하며, 또 모든 철학사상 간의 상호영향 관계가 밀접하게 이루어져 한 철학사상을 어떤 뚜렷한 철학사적인 입장에 고정시켜서 이해할 수만은 없게 된 점을 들 수 있다. 그러나 현대철학의 유형은 대체로 지역에 따라 유럽 철학과 영미 철학(英美哲學) 및 동유럽 철학으로 나누어 이해한다. 유럽 철학에는 삶의 철학과 실존철학, 구조주의철학과 네오 마르크스주의(비판이론)를 포함시켜 논의하고, 영미 철학 영역에는 실용주의와 논리실증주의 그리고 분석철학과 신실증주의(비판적 합리주의)철학 등을 포함시킨다. 동유럽 철학은 국가철학이 되어 버린 마르크스주의 철학을 의미한다.

출처: 네이버 지식백과

제2장

NK(New Korea)
정신 사상의 배경과 역사

. . .

1

인류의 제1차 정신 혁명과 3줄기 정신 사상

• • •

인류가 수렵 생활에서 농경 사회로 전진하면서 집단을 이루게 되고
공동체를 통치하는 시스템도 생겨나고 문명을 건설하게 된다.
5,000년, 6,000년 전의 그 흔적들이 역사적인 유적으로 남아
지금도 우리와 만나고 있다.
4대 문명권이 있었고
문명권마다 정신 문화적 특색이 다름을 알 수 있다.
공동체에서 소통하는 언어도
그들의 환경과 사고방식에 따라 발생을 해서 다르게 발전한다.
인류는 문명이 발생한 후에 토테미즘, 애니미즘, 샤머니즘 등
다양한 토속신앙 생활을 하다가
3~4천 년 후에야 제1차 정신 혁명을 맞이하게 된다.

고대 동서양의 철학가들은 세상의 근본 요소를
하늘, 자연, 인간으로 보았다.

하늘(신): 형이상학적, 자연과 인간을 품고 있는 무한한 공간,
자연법칙, 전지전능한 신
자연: 자연의 법칙에 의한 자연현상
인간: 하늘 안에서 자연과 함께 살아가는 생명체

1) 제1차 정신 혁명의 시작

BC 500년에 노자와 공자가 중국에서 출현하여
요하강 문명과 황하강 문명을 지나며 축적된
다양한 정신 사상들을 깊이 공부한 탁월한 사상가로서
자연주의 철학과 윤리학을 새롭게 정리하여 발표하고,
이후 오랫동안 동아시아에서 철학과 인생의 정석으로
권위를 유지하게 된다.
노자의 철학 사상은 후에 도교라는 종교의 철학이 되고
공자의 사상과 윤리는 유교라는 종교 형태가 되고
노자와 공자는 인류의 성인으로 추앙받게 되었다.

2,500년 전 인도에서 고타마 싯다르타가 출현하여
기존의 힌두이즘에 만족하지 못하고
생로병사의 고통에서 벗어나는 길을 스스로 탐구하고 깨달은 다음
팔만 사천 번이라 할 만큼 수많은 논설의 가르침을 전하며
불교라는 종교가 성립되고
인생의 생로병사와 마음의 고통에서 벗어나게 하는
자유와 열반을 추구하는
마음 중심의 인본주의적 종교 정신을 주변까지 널리 전파하였다.
고타마 싯다르타는 인류의 성인으로 숭배되었다.

2,500년 전 그리스에서 소크라테스, 플라톤, 아리스토텔레스로
이어지는 걸출한 철학사상이 등장하여

수많은 소피스트의 다양한 논쟁들을 정리하며
소크라테스는 성인으로까지 추앙받게 되었다.

AC 1년에 예수가 탄생하면서 아브라함 계열 기독교가 성립되며
인격신을 신앙하는 신본주의적 종교가 유럽과 아랍 국가들까지
널리 전파되고
문명과 정신 사상을 지배하며 신자들에게 인생의 정석으로 군림하였다.
그리스도와 마호메트는 성인으로 추앙받게 되었다.

인류가 성인으로 추앙하는 인물들이 출현하면서
그동안의 자연숭배와 잡다한 토속신앙들이 정리되고
인류의 3대 정신문화의 큰 흐름을 형성하며
2,000년이 넘게 유지해 왔다.

인도의 '인본주의'적, 동아시아의 '자연주의'적, 서양의 '신본주의'적
3대 정신 사상은 다른 지역 나라들에도 널리 전파되며
인류의 정신 사상에서 오랫동안
3줄기 주류 사상의 역할을 하였다.

BC 500년과 AC 1년에 성인들이 출현하여
그동안의 잡다한 사상들을 정리하고 정복하면서
인류의 3대 정신 사상으로 확실하게 자리 잡았던
인류 역사에서 거대한 정신문화의 전환을
'제1차 정신 혁명'이라고 이름하기로 한다.

제1차 정신 혁명기의 정신 사상의 특성은 간결하지 못하고
너무나 장황하다. 그 원인이 있다.

우주 자연의 객관적 사실을 탐구하고 논설하는 철학과
인간 중심의 주관적인 선택에 관한 윤리학을
혼동하는 혼돈의 사유체계였다.

감각으로 알고 느끼는 대로 선과 악이 함께 있다고
사실대로 말하지 않고
진리(신, 이데아, 실체, 부처)는 선이고 사랑이라고
인간의 주관적인 선택을 하고,
인간의 선택이 진리라고 억지 주장과 설득을 하기 위해서
수많은 주장에, 반론에 변론을 하느라고
불교의 8만 4천 어록과 플라톤에서 칸트에 이르는
장황한 설명이 필요하였다.

철학은 객관적으로 인간의 마음에 선과 악이 함께 있다고
사실대로 말하고
윤리는
인간의 주관으로 어떤 선택을 하며 살아갈지 따로 말해야 하는데
철학(객관적 사실)과 윤리(주관적 선택)를 뒤섞어 놓는
혼동을 함으로써 일어난 혼돈의 철학 역사이다.

신인류는 철학적 사실과 윤리적 선택을 따로 말하는

간결하게 정리된 스마트한

세계관과 인생관을 정립하며 살게 될 것이다.

1차 정신혁명기의 인류를 구인류라 하고

2차 정신혁명기의 세계화를 이룬 인류를 신인류라 부르기로 한다.

2) 제2차 정신 혁명의 시작

16세기에 서양에서 과학혁명이 시작되고

1차, 2차, 3차, 4차 산업혁명도 일어났다.

신에게 사망 선고를 내리며 탈종교 현상이 진행되고 있다.

동양인들은 서양의 정신 사상과 과학 정신을 공부하며

산업혁명에 동참하고 있다.

20세기에 경제적인 세계화를 이루었다.

20세기 이래 인류 정신의 대세는 과학적 자연주의이다.

과학적 자연주의 정신이 경제적인 세계화를 이루었지만

진정한 정신적인 세계화는 아직 이루어지지 않고 있다.

인간은 감각적 앎과 느낌, 영성적 앎과 느낌으로

과학적 탐구와 철학적 탐구를 하며

자연의 정보를 깊고 넓게 총체적으로 인식하며 인생을 살아간다.

과학적 정신은

정신의 4가지 알 수 있음의 특성 중 하나일 뿐이다.
과학적 자연주의는 통찰적 자연주의와 비교해서
편협한 자연주의이다.

서양인들은 동양의 정신을 공부하고
동양인들은 서양의 정신을 공부하며
동서양의 정신적인 융합과 세계화가 진행되고 있다.
지구촌 인류들이 모두 함께
지구촌의 전체 문명과 뉴스를 실시간으로 공유하고 있다.

21세기에서
2,500년 전에 발생한 성인들의 종교와 정신문화를 혁신하는
신인류의 2차 정신 혁명이 시작되고 있다.
20세기에 경제적인(물질적인) 세계화 시스템은 완성되었다.
이제 제2차 정신 혁명과 정신적인 세계화가 함께 진행되고 있다.

제2차 정신 혁명의 주역인 신인류는
1차 정신 혁명을 선도했던 성인들의 정신과 똑같은
영성(생명의식)을 차리며 인생을 살아가게 될 것이다.
성인들의 시대와 다른 세계화된 21세기 문명에서
우주의식인 영성을 차리며
다 함께 행복한 낙원을 지향하게 될 것이다.
제1차 정신 혁명 시대에는
주로 부분(개별성 생존본능)의 의식으로 세상을 보며 살았었다.

제2차 정신 혁명 시대에는

주로 전체(전체성 영성본능)의식을 중심으로

세상을 보며 살게 될 것이다.

인류의 3줄기 정신 사상의 흐름이 하나로 회통하고 통섭되고 있다.

글로벌 젊은이들은 말한다.

"나는 종교적이지 않다. 나는 영성적이다."라고.

구인류의

불성, 영혼, 성령, 참나, 무아, 본성이 모두

'영성'을 가리키는 언표(말)이다.

경제적인 세계화와 정신적인 세계화는

인류의 6,000년 문명 역사에서 처음으로 맞이하는

인류 역사의 거대한 전환이다.

한국의 선지자들은 150년 전부터

"물질이 개벽되니 이제 정신을 개벽하자."라고 선언하였다.

제2차 정신 혁명과 정신적인 세계화를

'정신개벽'이라고 이름할 수 있을 것이다.

정신적인 세계화 다음에는 드디어

지구촌 지상낙원에 대한 설계를 가상 세계에서 하게 될 것이다.

그 낙원 곁에는 지옥도 함께 설계되어야 할 것이다.

지옥이 곁에 없는 천국은 설계하기가 어려울 터이므로.

2

동아시아의
총체적 자연주의 사상

• • •

세상의 중요한 정신 사상들은 모두
세계관, 자아정체관, 인생관을 통해서 펼쳐진다.
인간의 생존과 생존의 유지가 인생이고
인생의 무대와 환경은 세상이고,
인생의 주인공은 나이므로.

1) 일원론적 총체적 세계관이다

서양철학이 하늘, 자연, 인간을 분리하고 수직적 관계로 설정했다면
동아시아는 총체적, 수평적 관계로 이해하였다.

세상은 하나의 태극으로부터 시작되었다.
하나의 태극은 음과 양이라는 상반된 두 성질을 품고 있고
음과 양이 서로 작용하며 오행(수화목금토)을 낳고
오행이 상호작용하여 만물을 낳는다고 하는
일원론적 태극사상이다.

자연의 법칙인 하나의 '도'가

우주 자연 전체 현상을 통섭하고 있다.

자연의 삼라만상은 반드시 도의 법칙을 따라 생성 변화한다.

자연의 법칙에서 분리되거나 누락되는 자연현상은 없다.

노자의 《도덕경》은 일원론이고 총체적인 자연주의이다.

천부경, 천지인, 《도덕경》과 스스로 사상, 태극 사상, 이기론(주자학), 인내
천 사상이 모두

일원론이고 총체적(완성된 시스템) 자연주의의 사유체계이다.

동아시아와 한국 사상의 전통을 이어받고 새롭게 진화한

21세기 'K-달관 사상'도

일원론적 총체적 자연주의를 기반으로 하고 있다.

동아시아 사상의 전통에

전체성과 개별성 개념을 더하고,

양자물리학의 과학적 키워드를 함께 사용하며

세계관의 정체를 더 스마트하게 해설하며

수월하게 이해할 수 있게 하고 있다.

K-달관 사상은

전문적으로, 학술적으로

철학, 윤리학, 명상, 심리학을 공부하지 않아도

감각적 앎과 느낌, 영성적 앎과 느낌의 직관적(에고의 고정관념, 선입견에 오염
되지 않은 인식) 용어들로 표현하고 있으므로

대중들의 정서와 상식에도 통하는 보편성으로 공명하며
더 친근하게 깊고 넓게 이해하고 공감할 수 있으리라 믿는다.

전문 학자들의 학술 용어(이성적 논설)가
진실을 더 왜곡하는 경우가 있다.
논리적이고 학술적인 서양철학의 이성적 가설들이 모두
해체되어 버린 2,300년 역사를 보면 그러하다.

2) 동아시아의 세계관과 자아정체관은 '스스로'이다

동아시아에서 전통적인 세계관은 '자연(스스로 그러함)'이고
자아정체관은 '자기(스스로 몸, 스스로의 몸)'이다.
'스스로'라는 짧은 한마디 말로
세계관과 자아정체관을 다 말하고 있다.

너무나 심플하다.

노자의 《도덕경》에
"진리는 간결하다. 간결하지 않으면 진리가 아니다."라는
말이 있다. 공감하고 동의한다.
진리는 숨어 있을 이유가 전혀 없을 터이니 말이다.

이 명언에 따르면 8만 4천의 불교 논설과

서양철학은 진리가 아니다.

감각으로 확인할 수 없는 허구적인 가설로

진리(실체)를 설정해 놓고 이를 주장하고 반론에 변론하느라

수많은 논설을 쌓고 또 쌓는다.

인간이 태어나기 이전부터

진리인 자연의 법칙이 있고,

자연의 모든 현상은 자연의 법칙을 따른다.

인간도 자연에 의한 자연의 존재이니

인간의 앎(인식)과 함(행위)도

자연의 시스템을 따르는 자연스러운(당연한) 것이다.

자연이라는 언표의 한국어 뜻은

스스로이다. 스스로는 홀로이다.

홀로이므로 상대가 없는 유일한 절대자이다.

그 누구에 의해서 그 누구와 함께가 아니고

홀로 직접 하는 당사자이고 유일한 주체라는 뜻이다.

'무위자연'이라는 말뜻은 다른(신) 작위는 없다.

스스로 홀로 함이라는 뜻이다.

자연주의는 자연의 법칙과 자연현상만 있다.

인격신이 따로 없으므로 무신론이다.

자아정체관은 자기 자신이다.

자기 자신이라는 말뜻은 '자연의 몸', '스스로 몸'이라는 뜻이다.

우주 자연과 한 몸이다.

그리고 주체성을 가진 유일한 개별자(몸)이다.

나 자체로서 직접 당사자로서

나 홀로 절대적 주체자라는 뜻을 함께 가진다.

스스로는 이(자연의 법칙)와 기(자연현상)를 함께 가진

당연한 주체이다.

스스로는 인내천(사람이 하늘님이다) 사상과 이어진다.

서양인들이 형이상적으로 따로 설정한 신, 진리, 실체, 이데아를

동아시아는 이(理, 자연의 법칙)라는 말이 대신한다.

중국에서 발생하여 한국에서 꽃을 피웠다고 평가하는 주자학에서는

자연현상을 이와 기, 둘로 나누어서 본다.

이는 자연의 법칙이고 기는 나타난 현상의 정보와 에너지이다.

현상과 법칙은 동시성이고 분리되지 않는 한 몸이다.

우주 자연 전체를 주관하는 자연의 법칙인 하나의 '도'가 있고

삼라만상의 존재와 변화는 모두 하나의 '도'를 따른다.

고로 자연의 현상은 모두 당연한 것이다.

인간의 알 수 있음(감각적, 철학적, 과학적, 영성적)에 의한

앎(지식)을 의심하지 않고 당연함으로 인정한다.

서양처럼 가짜와 진짜가 따로 있지 않고,

인도처럼 실체와 현실이, 참나와 거짓 나가 따로 있지 않다.

진짜인 실체(진리, 이데아, 신, 참나)와 분리된

가짜인 감각적인 인생을 살면서

인도와 서양인들의 정서는 당당하지 못하고

늘 위축되고 주눅 들어 있었다고 볼 수 있다.

대표적으로 중세기 천 년 동안

인간성의 암흑기를 찐하게 겪었다고 할 수 있다.

불교와 힌두교가 진리를 찾기 위해 가족과 직업을 외면하고

출가를 함도 마찬가지이다.

인생의 고통에서 벗어나는 해탈이라는

인생의 선택적 목적인 윤리를 진리적 사실로 착각을 하고

인도인들은 참나와 에고로 분리를 하고

에고를 버리고 참나로 만 삶이 진리의 길이라고 가르친다.

행복과 불행이 함께 있음이 사실인데,

인생은 고통이라고 단정을 하고 인생을 벗어나는 해탈을 위하여

에고적 인생을 부정함은 인생의 전체를 왜곡한 편협함이다.

동아시아 사상은

이항 대립이 아닌 이원성으로 이해하는 총체적 자연주의이다.

참나와 에고를 이항 대립으로 본 서양과 인도의 사유체계는

분리적이고 부분적이다.

전체의 눈을 뜨고 이원성으로 본 동아시아 사유체계가 옳다.

우주 자연은 하나의 생명(유기체) 시스템이다.

우주 자연 전체는 이미 완성된 시스템이므로 그렇다.

동아시아의 '스스로'는 한국에서 인내천 사상으로 이어지며
세상과 한 몸이며 천상천하 유일한 주체자로서 당연하여
당당한 당위이다.

서양과 인도의
실체가 아닌 가짜 또는 진리의 그림자에 불과한 자아 정체관과 비교해서
한국의 스스로(자기. 자신)는
우주 자연의 진리와 한 몸이고 최고 반열인 하늘이다.
자기 존엄성의 극치이다.

참나와 에고가 선과 악이, 사랑과 미움이, 평등과 불평등이,
이원성으로 함께 있음이 총체적 시스템이고
철학적 사실로서 당연하다.
그러나 인간과 공동체의 윤리적 목적과 선택에서는
부당하다고 말할 수도 있다.

3

K-정신 사상의 형성과 배경

• • •

한국은 중국, 일본, 러시아와 국경을 맞대고 있다.

고대 한국인들은 중국 북쪽의 요하 문명과 인접해 있으면서

함께 동참하며 활발하게 교류했었다.

중국 북쪽의 요하 문명은 중국의 황하강 문명보다

천 년 넘게 먼저 발생한 문명으로 확인되고 있다.

한국의 언어는 중국과 다른 알타이어계이다.

천부경

한국은 4,300년 전에 단군 시조에 의해 건국되었고
세상을 널리 이익되게 하라는 '홍익인간'이라는
아름다운 건국이념을 품고 있다.

중국의 《도덕경》보다 훨씬 전에 돌에 새겨졌다고 믿어지는
천부경이 발견되었고,
천부경은 81글자로 이루어져 있다.
하나로부터 하늘과 인간과 땅이 생겨났고 돌고 돌아
다시 하나로 돌아간다.
그 하나는 영원히 변하지 않는다는
환원론적이고 일원론적 세계관이다.

천지인 사상은 하늘과 자연과 인간의 삼위일체 세계관이다.
동아시아에서 신과 자연과 인간은 동격이고
서로 회통하는 관계이다.
동아시아의 하늘은 인격화된 신이 아니고
자연의 한 요소(자연의 법칙)이며
세 요소의 조화로움이 우주 자연의 균형과 질서를 이루고 있다.

한국의 사상가들은 세상을
하나의 원으로 상징하여 표현한다.
수직선이나 수평선이 아닌 원은
끝없이 변함없이 환원하므로 온전하고 영원하다.

빗물이 모여 강이 되고

강물이 흘러 바다로 모이고 바닷물이 다시 하늘로 올라가

또다시 비로 내리며 끝없이 환원하듯이

나의 DNA를 이어받은 2세, 3세들이

나 앞에서 태어나고 살아가고 있음이 인생의 환원이고

DNA의 끝없는 윤회이다(DNA는 죽지 않는다).

1) 유교와 불교의 유입

제1차 정신 혁명 이전에는 요하 문명권에서

주도적인 동이족의 일원으로 활동하였으나

1차 정신 혁명 이후에는 중국의 공자와 노자 사상이

한국에 유입되었다.

제1차 정신 혁명 이후 동아시아 전통 사상의 중심은

유교와 불교, 도교인데,

한국은 세 가지 사상적 요소를 모두 흡수하며 발전시켜 왔다.

3개의 종교 사상은

한국의 정신과 정서 형성에 중요한 역할을 하였다.

AC 372년에 유교 교육을 위한 학교가 처음으로 세워지고

공자 사상을 본격적으로 교육하였다.

1,500년경에는 새로운 유교 사상인 중국의 주자학(성리학)이

한국에서도 유행하였다.

유교는 한때 국가의 종교와 교육 정신으로 채택되기도 했다.

주자학의 이기론에서
정보와 에너지인 세상의 모든 현상을 기(氣)라고 표현하고
"모든 현상은 반드시 자연의 법칙을 따르므로(결코 우연히 아무렇게나 변하거나
나타나지 않는다) 당연한 것이다."라고 역설하였다.
새로운 유교라 평가받는 '주자학'은
동아시아의 총체적 자연주의 정신을
'이기론'을 통해 더 확실하게 변론하였다.
알베르트 아인슈타인이 "모든 물질은 에너지다."라는 말을 하기
훨씬 전에 이미 모든 현상을 기(氣, 기운, 에너지)로 보았다.

유교에서는 인의예지(사랑, 정의, 예절, 지혜)를
타고난 인간의 본성으로 보았다.
인은 불교의 자비, 기독교의 사랑과 거의 비슷한 말이다.
인간은 교육을 받기 전부터
스스로 불쌍하게 여기는 마음, 스스로 부끄러워하는 마음,
스스로 사양하는 겸손한 마음, 스스로 옳고 그름을 판단하는 마음을
본성으로 타고났다고 보고 윤리의 기준으로 제시하며 교육하였다.

공자의 윤리적 가르침인 유교는 중국보다 한국에서
더 적극적으로 공부하고 실천하였다.
새로운 유교라고 불리는 중국의 주자학도 한국에 들어와서

더 깊이 토론하고 논쟁하며 이율곡은 중국의 학자들로부터
해동성인(중국 동쪽의 성인)이라는 칭송을 받기도 했다.

불교도 AC 372년에 중국에서 들어와 전파되기 시작했고
950년경에는 한때 국가의 종교로 선택되기도 했다.
불교가 한국에 들어와서는 무아의 순수의식 찾는다고
어느 나라 불교보다 투철하게 무아를 추구하는
참선 수행을 깊이 하기도 했었다.
한국의 불교는 소승과 대승 중 대승불교이고
수행(명상)은 위파사나가 아닌 참선을 선택한 참선 종파이다.

노자, 장자 사상을 종교철학으로 삼는 도교에 의해,
늙지 않고 오래 살며 초인적인 능력을 가진 신선이 되기 위해
세속을 떠나서 깨달음과 도를 구하는
구도자가 되려는 풍속이 유행하기도 했었다.

2) K-명상은 몸과 마음을 닦는다

원래 지공무사(지극히 공의롭고 사사롭지 않음)하고
순수한 생명의식은
생존경쟁의 세속적인 인생을 살아 내면서 계속 오염이 된다.
그렇지만 오염된 때만 닦아 버리면
원래의 온전한 마음으로 다시 시작할 수 있게 된다.

세상과 나는 원래 온전하고 당연하므로

나의 마음에 얼룩진 때만 닦아 버리면 된다.

한국의 명상에서 마음을 닦는다고 함은

깨끗이 닦아 버리고 처음처럼 다시 시작하기 위해서이다.

불교의 심리학은 인생은 괴로움이라고 단정을 하고,

세상과 자아를 모두 공하다고 부정해 버리고

인생을 다시 살고 싶은 의욕(윤회)마저 부정해 버리는

열반이 구원이라고 가르친다.

인생 시스템을 있는 그대로 인정하고 이기심만 닦아 버리고

처음의 나로 다시 시작하려는 환원사상과

세상과 에고를 부정해 버리는 인도의 무아(참나)사상은 다르다.

✦ 원시반본(처음으로 다시 돌아감)과 환원주의 사상

모든 생명체는

수많은 일을 겪으며 치열하게 생로병사의 과정을 거치지만

다시 흔적도 없이 자연으로 돌아간다.

한국에서의 죽음은 구원이나 윤회가 아니고 자연으로 돌아감이다.

그냥 감이 아니고 돌아감(환원)이다.

나고 죽고 나고 죽고 하는 자연의 환원 과정 그 시스템 속에

인생의 생멸 현상인 죽음이 있다.

자연을 잘 살펴보면 모든 것은 끝없이 원시반본하며 환원하고 있다.

죽음 뒤의 구원이나 윤회는 인간들의 설정이고 상상일 뿐이다.

결코 그 실체를 확인할 수는 없다.

마음이 매일매일 수많은 생각을 하고 고민하지만

잠들어 버리면 다 스러져 버리고

늘 다시 처음의 순수의식으로 되돌아가 새로운 새벽을 맞으며

또다시 새롭게 생각을 시작한다.

✦ 환원주의와 닦음

자연의 법칙은 원시반본하며 변함없이 돌고 돈다.

직진하지 않고 환원하므로 지속 가능하고 온전하다.

물이 계속 아래로 흐르며 오염되지만 바닷물은 다시 하늘로 올라가

깨끗한 원래의 빗물이 되어 다시 아래로 아래로 흐른다.

물이 수증기도 되고 얼음도 되지만 H_2O 물 분자의 본질은

변함이 없다.

수소와 산소로 분리되기도 하고 다시 결합되며

전기 에너지를 인류에게 선사한다.

인류 문명의 모든 물질을 이루고 있는 원자들의 원래 성질은

결코 변하지 않는다.

과학자들은 그 변하지 않는 자연의 법칙을

끝까지 관찰하며 탐구하는 사람들이다.

한국에서 명상이라는 말은 서양에서 수입된 말이다.

한국에서는 닦음이라고 한다.

닦음의 뜻은 깨끗이 닦아 버리고 처음처럼 다시 시작함이다.

우리의 마음이 생존경쟁 등 수많은 일을 경험하며 기억이 쌓이고,
고정관념, 선입견, 습관 등이 되어 원래 마음이 오염되었으므로
깨끗이 닦아 버리고 원래 마음으로 다시 시작함이
한국의 수도, 수심, 수신, 수행, 수양이다.
물이 원시반본하며 환원하듯이
마음도 순수의식으로 원시반본하며 환원하기 위한
자기 성찰과 명상이 꼭 필요하다.
환원하지 않고 직진만 한다면
세속적인 마음의 오염이 계속 쌓이게 될 것이다.

인간의 마음에는 본질적으로 양심이 있어서
스스로 부끄러워할 줄 안다.
양심에 때가 묻으면 깨끗이 닦아 버리면
원래의 양심으로 돌아간다.
또 인간의 마음에는 원래 이기심이 있어서
자신의 생존을 위해서 최선을 다한다.
그러나 이기심이 지나치면 남에게 피해를 주기도 한다.
개인주의가 나쁜 것이 아니지만 자기중심적 개인주의는
닦아 버리고 양심적인 개인주의로 환원하자고 함은
윤리적 선택이고 노력이다.
인간과 인간의 공동체는 끊임없이 윤리적인 목표를 설정하고
선택하며 노력하도록 인생의 시스템으로 되어 있다.
처음으로 환원하지 않고, 끝없이 이기적 방향으로만 직진한다면
공동체와 인생은 참을 수 없이 괴로워질 것이다.

3) 정신개벽 사상

한국의 선각자들은
동아시아의 전통적인 정신 사상과 다른 기독교 사상의 거센 도전에
거부감을 가지고 한국의 전통적인 정신 사상을 재해석하며
새로운 민족종교의 문을 열기 시작했다.

1860년에 동학(천도교)사상이 종교의 형태로 되면서
서양 기독교 사상의 도전에 저항하며
개벽 사상과 인내천 사상을 전파하였다.

1901년 보천교(증산교)가 문을 열고
토속신앙과 유-불-선의 가르침을 종합하여
개벽 사상 등을 유포하였다.
1920년대에는 교인이 전체 인구 1200만 대비 600만에 이를 정도로 많
은 신자가 모여들었다.

1916년 소태산 박중빈이 원불교를 창시하였다.
처음에 교단 명칭을 불법연구회라 하였으나
유교, 불교, 신선교, 세 종교의 정신을 모두 품고 있다고
평가되고 있다.
"물질이 개벽되니 이제 정신을 개벽하자."라는 표어를 내걸었다.
세상의 모든 종교를 이해하며

다 함께 홍익인간 할 것을 역설하였다.

19세기와 20세기에 동학과 증산교와 원불교는
서양 정신 사상의 거센 도전에 저항하며
전통적인 한국적 정신 사상을 지키고자 했던
한국 정신 사상사에 큰 의미가 있었고 한때 신자 수가
인구의 절반에 이를 정도로 크게 공명하며 공감하였다.

4) 서구화의 시작

1910년 일본 제국주의에 의해 강제로 식민 통치를 받게 되면서부터
서양식 학교에서 서양식 교육을 하며
본격적으로 서양의 과학 문명에 개방되고 서구화되기 시작하였다.
한국에서 20여 년 학창 시절 동안
동양의 역사와 함께 서양의 역사도 공부하며
서양의 종교와 철학 사상을 충분히 학습하고 있다.

미국 대학에 많은 유학생이 가서 공부하고 돌아와
한국을 서구식 산업화와 과학적 자연주의 정신으로 물들였다.
경제적인 세계화에 앞장서며 동참하고 있다.

20세기에 인류는
과학적 자연주의 정신으로 경제적인 세계화를 이루었다.

지구촌 모든 나라의 학교는 과학을 가르치고 있고
과학 지식으로 연구 개발을 하고 과학적 자연주의 정신으로
국가의 산업을 일으키고 문명을 건설하고
과학적 문명을 누리며 살고 있다.

그러나
동아시아 전통의 총체적 자연주의와 비교해서
과학적 자연주의 정신은 부분적이고 편협하다.

5) NK(New Korea) 달관 사상

NK 사상은 21세기에 새로워진 한국 사상이다.
6,000년이 넘는 인류 문명의 전체 정신 사상과
21세기 과학적 자연주의 정신을 함께 품고 있는
총체적인 사유체계이다.

역사를 통해 보면 언제나 그러했듯이
새로운 사상은 처음으로 발명되는 게 아니다.
세상에 전개된 다양한 깨달음과 정신 사상들을
새로운 시대에 어울리게 보편성 있게 가지런히 정리하고
배열을 잘 해서 현재의 인류가 공감하고 공유할 수 있는 사상으로
새롭게 편집되는 것이다.
많은 대중이 공감하고 공유하면 정신 사상의 대세가 되고

종교가 되기도 한다.

태초부터 지금에 이르기까지 그리고 미래에도
인류는 변함없이
똑같은 하나의 자연 속에서 똑같은 자연의 정보와 에너지를
몸과 마음에 안고 살아가고 있다.
인류의 문명은 변하지만 자연과 자연의 법칙은 결코 변하지 않는다.
자연의 법칙은 동서고금을 통해 다르지 않은 보편성을 품고 있다.

동아시아의 자연주의, 인도의 인본주의적 심리학, 서양의 신본주의 모두
자연과 인류의 본성에 닿아 있는 깨달음으로
인류 정신문화의 커다란 유산이다.
모두 일리가 있다.
그러나 21세기 세계화된 문명 시스템에서
신인류를 위한 새로운 정신 사상의 문화가
새롭게 열리고 있음이 보인다.

NK 달관 사상이 말하고 있는,
세상은 이미 완성된 시스템이라는 세계관과
인생도 이미 완성되어 있다는 인생관을
객관적 사실로 이해하고 인정할 수 있게 된다면
21세기의 급변하는 문명에서
인생의 태도가 많이 여유로워지고

세상에 대해서도 더 너그러워질 수 있을 것이다.

"세상과 인생은 이미 완성된 시스템이다."를
신인류의 새로운 깨달음으로 설정하기로 하자.
이를 잘 이해하고 인정한 사람은 깨달은 사람이다.
누구든지 먼저 이해를 하고 깨달음을 얻고 인정을 하며 깨어서
인생의 정석으로 삼으며 살아간다면
'명상의 정석 달관'을 마음에 차린 지성인이 되고
인생의 완성 '구원'에 도달할 수 있을 것이다.

먼저 지성인이 된 사람은
글로벌 인생학교에서 교사의 역할을 하게 될 것이다.
아직 물질문명만 개벽된 세상에서
정신개벽에 앞장서는 '인생학교 담임교사(인생 멘토)'는
정신적인 세계화를 선도하는 꼭 필요한 인재가 될 것이다.
정신적인 세계화의 시스템에서 인류는
마침내 다 함께 행복한 지상낙원을 꿈꿀 수 있게 될 것이다.

20세기에 빠르고 바쁘게 물질문명을 건설하고 누리는 동안
전통적인 인류의 정신 사상과 종교들은 퇴색되어 갔다.
인생의 목적은 이고득락 행복이다.
과학 기술과 문명의 발전도 결국 인생의 행복을 위해서이다.
과학과 물질문명이 행복을 방해하고 인간을 고통스럽게 한다면

과학과 물질문명은 거부당하게 될 것이다.

과학과 문명을 통해 행복을 누리는 주체는 마음이다.

행복과 불행은 마음으로만 느낄 수 있기에 그렇다.

이제 눈부신 21세기의 과학 문명 속에서

어떻게 행복을 누릴 수 있을까에 대한 인생 공부를 하는

'행복 인생학교'가 꼭 필요하다.

20년 학창 시절 동안 많은 학문을 공부하지만

'행복한 인생'이라는 과목은 없다.

모든 과목이 행복을 위한 수단이요, 기능인데

그 학문들을 활용하며 행복하게 살아갈 지혜를 공부하는

<u>인생학교와 행복 교과서가 꼭 필요하다.</u>

지금 서양에서는 경제 수준이 상당히 높아져서

먹고살 걱정은 없어졌으나 마음의 고통인 스트레스는 더 많아져서

그 해결책으로 인도의 심리학인 불교와 힌두교의 명상을 공부하는

붐이 일고 있다.

불교 공부에는 팔만 사천 법문이라 하는

방대한 논리적 이론서가 있고

에고를 버리고 무아의 순수의식을 차리는

깨달음이라는 깊고 어려운 관문이 있다.

순수의식에 들어가기 위해 모든 세속적인 탐욕을 버리고

실천해야 할 금계(하지 말아야 할 행동)가 있다.

지금 서양인들의 바람은 심오한 깨달음과 지켜야 할 까다로운 규칙,
오랜 수행은 다 필요 없고 그냥 간단하게 해열제나 항생제 같은
스트레스 치유법만 처방해 주라는 것이다.
인도와 동아시아인들이 불교와 힌두교의 해탈과 열반을 위해
평생을 바치며 공부를 해도 성공하기 어려웠는데
인스턴트식으로 햄버거를 먹듯이 간헐적으로 잠시 잠시
에고 내려놓기, 에고 관찰자 되기, 마음 챙기기를 한다고
생존본능의 저항인 스트레스를 없앨 수 있을까?
결코 아니 되는 일이다.
그것은 인류가 2천 년, 3천 년 동안 해 봤던 일이니 알 수 있다.
지금 인도인들과 불교 국가들의 인생이 잘 말해 주고 있다.
왜 안 될까?
본능이고 시스템(천명)이기에 그렇다.
타고난 인간의 DNA 구조를 따라 생존본능이
인생의 중심 플레이어로서 우선적으로 활동하기에 그러하다.
에고와 참나(무아)는 마음의 2원성이다.
2원성은 결코 분리되지 않는 하나의 짝이다.
에고를 참나와 분리시키고 무시하고 버리려고 하는 시도는
애초에 잘못되었다.
에고와 참나가 선과 악이, 사랑과 미움이
갈등하고 부딪히며 싸우는 자체가 인생의 내용이고
그것들을 조절하고 극복하며 살아감이 인생의 내용이다.
그리하여 인생은 권태롭지 않고 조화롭다고 느낄 수 있게 된다.

인간들은 공동체에서 사용하는 언어를 통해서 생각을 표현하고
사람들과 공감하며 소통하므로
언어 속에 사상과 정서가 다 들어 있다.

한국인들은
세상을 자연이라고 하고 나는 자기 자신이라고 한다.
세계관과 자아정체관이 모두 '스스로'이다.

세상은 자연의 법칙대로 돌아가므로
"세상의 모든 현상은 당연한 것이다."라는
기본적인 상식을 가지고 있다.

자연은 당연한 진리이고 자연이 주는 정보나
그 정보를 인식하는 인간의 감각이나 직관의식도
선험적(자연 시스템)이므로 의심하지 않고 당연하다고 여기며 산다.
한국인들에게 '스스로'는 전체성이며 개별성이다.
스스로는 절대자이고 하늘이다.
자연의 법칙은 천명(시스템)이고 인간도 스스로 시스템 안에서
천명대로 살아가고 있다.

한국인들은

세상 전체를 우주 자연이라고 하며 총체적 자연주의 사상이
상식이므로 기독교와 불교도 수용하면서
이해하고 인정하며 함께 살아가고 있다.

한국인들은 감각적, 영성적 직관을 통한 철학적인 언어로
소통하며 일상생활을 살아간다.
대중들의 일상생활 속에서 소통하는 언어 속에
철학적으로 깊은 뜻을 품고 있는 언어들이 많이 있다.

서양의 예술 문화도 잘 수용하며
한국의 정서로 재해석하고 표현하며
'한류'라는 세련된 문화로 지구촌에서 공명하며
세계인들과 공유하고 있다.

한국인들은 감각적, 영성적 직관을 통한 철학적인 상식을 가지고 살아간다.

죽음을 '돌아갔다'라고 말한다.
인도처럼 윤회를 말하거나 기독교처럼 휴거를 말하지 않고
자연에서 와서 자연으로 다시 돌아가는 끝없는 윤회(환원)를
보고 느끼는 대로 있는 그대로 직관하며
군더더기 없이 직관적으로 생각하고 표현한다.
자연 말고 다른 세상은 없으므로 자연 안에서만
끝없이 환원하고 윤회할 뿐이다.

한국인들의 인사말은 '안녕'이다.

만날 때도 헤어질 때도 안녕이라고 인사한다.

아무 사고나 스트레스 없이 편안한 인생을 살고 있는지 묻고

또 그렇게 살기를 바라며 배려하는 마음을 주고받는 인사이다.

영어의 Hello나 Hi, Goodbye보다 더 나아가

힐링이나 웰빙까지 관심 가져 주는

우리(공동체)와 동포라고 하는 연대 의식과 배려가 있는

인사말이다.

'나' 대신 '우리'라는 말을 자주 사용한다.

우리는 나를 포함하는 함께를 뜻한다.

국가를 표현할 때도 우리나라라 하고,

나의 엄마라 하지 않고 우리 엄마라고 한다.

엄마를 나의 엄마라고 함보다 우리 형제들 모두의 어머니라는

가족 공동체적인 입장에서 하는 표현이다.

우리라는 말 속에 "세상에 남이란 없다."라는

유기체적 의식의 당연함이 배어 있는 표현이다.

다른 언어권보다 우리라는 말을 자주 사용한다는 연구 결과도 있다.

우리라고 표현하는 정서를 깊이 살펴보면

나라는 개별성과 함께 우리라고 하는

전체성 보편성을 함께 품고 살아간다고 할 수 있다.

독재 정권과 무리한 정책에 맞서는 민주화 운동을 할 때는

목숨을 걸고 하기도 한다. 자신을 위해서가 아니고
우리들을 위하는 홍익인간의 거대한 연대감에
왜소한 나의 목숨을 내어놓기도 한다.
스포츠 경기 중 한국인들의 응집력 있는 응원에서
'우리'라고 하는 찐한 연대감을 느끼게 된다.

'한'이라는 정서가 있다.
한국인들에게 쌓여 있는 한은
사람들과만 주고받는 개인적인 스트레스가 아니다.
인생을 살아가면서 마주하게 되는 거대한 시스템(필연성)에 대한
왜소한 민중들의 참을 수 없는 억울함과 욕구불만이다.
끊임없는 이웃 강대국의 침략과 수탈,
가난함과 불평등, 불합리한 제도들에 대한 총체적인 저항의식이다.
그러나 개인의 힘으로 돌파하기엔 그 벽은 높고 견고하다.
그리하여 한을 품은 민중들이 모여서
몸짓으로 소리로 그 한을 세상에 외치며 하소연한다.
서양에서 실내 교향악이 사람들끼리 공명하는 소통이라면,
한국의 풍악꾼과 소리꾼들은 그 외침을 실내에서 하지 않고
실외의 넓은 마당에서 한다.
온 세상이 울리라고 질러 대는 그 소리는 장대하여야 한다.
그 소리를 길러 내기 위해 호연지기를 기르고 산에 들어가
산과 폭포를 마주하며 더 크게 소리 지르며 득음 훈련을 한다.
풍악꾼들도 저마다 왜소하고 고단한 세속적인 몸부림들,

한 마당에서 모여, 있는 힘을 다해 몸짓과 소리짓을 한다.

온 세상에 울리라고 외친다.

온갖 잡것들과 속됨들이 모두

성스러움 하나에서 공명하며 만나려고

같은 율동과 소리를 반복하며 모두 함께 추임새를 하며 들썩이게 한다.

잘난 몸이나 못난 놈이나 다 연결되어 있는 성스러움,

성속일여(성스러움과 세속이 하나),

그 경지에 참여하며 위무를 받으려 신명 나게 질러댄다.

동포라는 연대감과 정이라는 정서가 있다.

끈끈한 연대감인 동포의식에서 우러나오는 관심과 사랑이다.

연대감이 없는 남에게는 아무 관심이 느껴지지 않는다.

연대감 없는 아프리카인들이 굶어 죽는다고 해도 별 관심이 없다.

연대감이 많은 가족이나 연인이 굶는다면

있는 힘을 다해서 도우려 한다.

한국인들의 연대감의 처음 시작은 엄마의 뱃속이다.

동포는 엄마의 뱃속에서 태어난 형제자매를 뜻한다.

동포의 끈끈한 연대감은 마을로 확장되고 민족 전체로 확장되어

민족 전체를 동포라고 부르게 되었다.

그 동포애 정서는 이제 지구촌 전체까지 확장되고 있다.

한국에 온 관광객들의 어려움도 지나치지 않고 도와주려 하고

등산길에서 외국인들에게도 간식을 나누며 정을 나눈다.

끈끈한 연대감을 느끼는 동무를 위해 주고 싶은 마음에서

또 나의 기쁨과 슬픔을 함께 나누고 싶은 마음에서

음식을 나누고 선물을 한다.

제사를 지내고 이웃집에까지 음식을 나누는 풍습,

모내기를 할 때 지나가는 사람을 모두 불러서

함께 음식을 나누던 풍습,

결혼식, 장례식 등 큰일을 치르는 동무를 위해 부조를 하며

기쁨과 슬픔을 함께 나누는 풍습 등

한국에는 동포(동무)라는 연대감에서 우러나오는 끈끈한 정이 있다.

정은 친절함으로도 표현된다.

한국인들은 친절하고 정이라는 정서가 느껴진다고

외국인들의 평가도 있다.

7) 한류 문화의 전파

21세기 초입부터 한국의 드라마를 시작으로 K-영화, K-팝, K-푸드 등

한국 문화에 대한 글로벌 젊은이들의 많은 관심과 참여가

한류 바람을 일으키면서

이제는 한국어에 대한 관심까지도 높아지고 있다.

한류의 주류 플레이어들은 신인류들이다.

그들은 종교에 관심이 없으며 과학적 자연주의에 물든

스마트한 글로벌 시티즌이다.

다음에는 한국의 어떤 문화가 지구촌을 홀릴까 기대된다고 한다.

한류의 뿌리, 한국인의 정신과 정서가 화룡점정(한류 그림을 완성하는 마지막 하나)이 될 것이다.

이 책은 한국인의 정신과 정서를 학술적인 논리가 아닌 대중들의 일상 언어와 정서로 가볍게 소개하기 위해 노력하며 집필되었다.

그러나 철학 사상을 표현하느라 조금 어려워지기도 했다.

8) 한국인의 윤리의식, 양심과 이기심

양심을 윤리와 인성의 보편적인 기준으로 삼고 살아간다.

인간 누구나 양심과 이기심 두 마음으로 인생을 산다고 여기며 직장 공동체에서 또는 마을에서 양심적인 사람과 이기적인 사람으로 평가가 되어 버린다.

양심적인 사람은 공정하고 편협하지 않고 열려 있는 사람이다.

인도 심리학에서처럼 에고와 참나로 분리하고 에고를 버리라고 복잡하고 어렵게 말하지 않는다.

미국이나 유럽 사람들처럼 정의를 어렵게 말하지 않는다.

인간은 옳지 않음에 대해 스스로 부끄러워할 줄 아는 양심이라는 본능이 있다.

양심이 부끄러워하거나 거부감이 느껴지면 옳지 않은 선택이다.

논리적으로 설명하기 전에 마음에서 이미 본능적인 느낌으로
직관으로 느끼게 된다.
양심은 마음의 이원성, 생존본능과 영성본능 중
영성본능 성향의 마음이다.
현대인들이 명상에서 지향하는 참나를 명상 퍼포먼스를 하면서
어렵게 추구하지 않고
그냥 당연하게 양심과 이기심을
마음의 이원성으로 이해하며 인정하며 일상생활을 살아간다.

양심을 논리적으로 설명하면
누구나 본성으로 타고나서 유지하고 있는 보편적인 의식이다.
누구의 편도 아닌 전체에 열려 있는 중도의 마음이다.
사사롭거나 이기적이지 않은 공정한 마음이다.
이기심은 몸 중심의 소아적 개별성 의식이고
양심은 생명의식(우주의식)인 대아적 전체의식이다.
편협하게 꽉 막힌 자기중심의 마음이 아니고
공동체적이고 보편적인 열려 있는 마음이다
한국인들은 정의와 불의 대신
양심과 이기심이라는 용어를 더 많이 사용한다.
윤리와 인성을 가름하는 기준으로 삼는다.

자기밖에 모르는 너무 이기적인 사람은
비양심적인 사람이라고 평가받으며

공동체에서 싫어하는 사람이 된다.

인정받지 못하고 사랑받지 못하는 인생은

공동체에서 행복하기가 어렵다.

따로 명상 퍼포먼스를 할 필요 없이 바로 양심 성찰을 한다.

양심적이었는지 이기적이었는지 성찰하면 스스로 알 수 있다.

사실 한국인들은 명상을 따로 할 필요 없이

공동체의 일상생활 속에서 그리고 온라인의 SNS에서

양심 성찰의 감시를 당하며 또는 스스로 성찰하며

잘 살아가고 있다.

양심은 한국인들의 마음 전체에서 선명하게 공명하고 있다.

양심은 하나님의 마음 성령, 부처의 마음 불성과 같은 개념의

보편적 의식이고 영성본능이다.

한국에서 양심은 항상 이기심과 함께 있다.

분리되지 않는다.

달관송

...

1. 달관송 해설

인생 달관송

원융무애하고 원만구족하고 지공무사하고 조화로운	세계관
대자연과 한 생명인 나는	자아정체관
지혜롭고 자유로운 나 인생의 주인으로서	
다 함께 행복한 낙원을 위하여	인생관
이기심 대신 양심을 차리고	
나와 다른 삼라만상과 이-인-자로 어울리며	명상
유유자적	
더 느긋하게 살겠습니다.	인생관
더 너그럽게 살겠습니다.	

동서고금의 모든 종교와 철학과 정신 사상은
세계관, 자아정체관, 인생관을 중심으로 정리되고 표현된다.
'달관송'은 112글자로 표현하는 세계관, 자아정체관, 인생관이다
천부경 31글자, 《도덕경》 5,000글자, 달관송 112글자,
불교 8만 4천 어록, 기독교의 복음서들,
플라톤에서 칸트까지 서양철학들 중
'달관송'은 가장 간결한 세계관, 자아정체관, 인생관이다.

1

. . .

달관송
해설

1) 세계관

✦ 원만구족하다

세상은 넘치거나 부족함 없이 적절하게 온전하게
이미 다 갖추어져 있다.
2,500년 전 노자의 《도덕경》에도 이미 표현되어 있고,
한국인들은
자연현상을 땅이라 하고 자연의 법칙을 하늘이라고 하며
온전하고 당연(진리에 의한 진리의 표현)한 절대자(스스로)로
천명(필연성)으로 이해하며 인정하며 살고 있다.

천년만년 인류의 역사에서
우주 자연과 자연의 법칙은 변하지 않았다.
천년만년 변함없이 유지되는 시스템은
이미 온전하게 완성되어 있다고 말할 수 있을 것이다.
선과 악, 행복과 불행, 천국과 지옥, 사랑과 미움, 아름다움과 추함,
만족과 불만족 등은 인간들끼리의 느낌이고 정보이다.
없는 정보가 없이 다 갖추어져 있다.

삼라만상의 모든 현상은 서로 상반된 이원성 정보로 표현된다.

이원성은 상보성 관계이다.

다르니까 조화롭다. 조화로우니까 온전하다.

자연은 순환한다.

직진하지 않고 순환하므로 천년만년 지속 가능하다.

이 세계관을 달관한 깨달은 사람은 느긋한 마음으로

늘 깨어 있게 된다.

✦ 원융무애하다

우주 허공은 막혀 있지 않고 활짝 열려 있다.

허공 안에서 세상은 이어져서 연결되어 있으므로

끝없이 서로 융합하며 있다.

자연의 지수화풍은

자연의 모든 생명체를 살려 주는 생명력이다.

모든 생명체와 연결되고 융합되어 있다.

자연의 삼라만상은 끝없이 초연결, 초융합하며 변화한다.

생명체의식(마음, 정신)은 자연의 정보와 에너지를 알(지혜) 수 있고

무엇이든 할(자유) 수 있다.

알 수 있음(의식)이 정보를 만나고서야 앎이 일어나게 된다.

마음의 내용은 모두 자연의 정보들이다.

물질(정보, 에너지)과 정신과 생명은

유기적으로 조직되고 융합하고 있는

하나의 시스템이고 유기체이다.

원자와 원자가 융합하고 분자와 분자가 융합하고
조직과 조직이 융합하며 기관을 이룬다.
기관과 기관이 융합하여 자동차, 배, 비행기, 건물, 도시가 된다.
반도체가 연결되고 융합하며 핸드폰이 되고
핸드폰은 온라인과 연결되고
빅데이터와 AI가 나의 마음과 연결되고
지구촌 전체가 연결되고 융합되는 세계화 문명이 된다.

세상 전체를 하나의 유기체로 또는 생명으로 보는 철학 사상이
오랫동안 유지되어 왔다.
모두가 이어져 있다고 하는 연기론은 불교의 대표적인 사상이다.
현대 양자물리학의 키워드인 중첩, 동시성, 얽힘, 상보성도
초연결, 초융합을 말하고 있다.

4차 산업혁명은 초연결, 초융합을 지향하며 도시와 국가 전체를
그리고 지구촌 전체를 스마트하게 연결하고 융합하려 하고 있다.
지구촌의 모든 상품을 온라인에서 쇼핑하고 구매하고
나의 앞까지 배달이 되는 시대이다.
태초부터 이미 초연결, 초융합되어 있는 우주 자연의 원융무애를
잘 이해하고 인정함으로써 세상 전체를 한눈에 보는
달관의 눈을 뜨고 세상의 진실(사실)을 보게 된다.

✦ 지공무사하다

전혀 사사롭지 않고 지극히 공의롭다.
자연의 법칙은 에고가 없는 무아이므로
주관이 없고 객관적 사실만 있다

보편성이라 자연 전체에 누구에게나 언제나 변함없이 해당된다.
지공무사한 자연의 법칙과 현상은
동서고금을 막론하고 다르지 않다.

인간의 이기적인 마음은 지극히 사사롭다.
지공무사한 자연에게 이기적인 기도를 하며 소원을 빈다.

✦ 조화롭다

세상의 삼라만상은 다 다르다. 다르니까 조화롭다.
조화롭기 위해서는 달라야 한다.
이원성은 하나가 가진 서로 상반되는 두 가지 성질이
짝을 이루고 있음을 말한다.
음과 양, +전극과 -전극, 선과 악, 사랑과 미움, 참나와 에고,
크고 작음, 행복과 불행, 전체성과 개별성, 수평선과 수직선 등등
세상의 모든 정보와 현상은 2원성 개념으로 표현되고
그 개념을 인식하며 공유하며 소통한다.

이원성이 아니고 일원성이라면 다르지 않고 모두 똑같다면

세상은 아무 변화도 일어나지 않고 멈추어 버리고 말 것이다.

세상의 시작이요, 본질인 이원성의 조화로움을

잘 이해하고 인정해야

다름에 저항(스트레스)하지 않고 자유롭게 살아갈 수 있다.

이원성을 분리하고 어느 한편에 자기가 서서

자기편과 다름에 저항함이 스트레스이다.

인생의 자유롭지 못함은 저항하는 마음이다.

저항의 반대말은 '이해'이다.

이원성 전체의 상보성과 조화로움을

잘 이해함이 중도이고 깨달음이고 인정함이 깨어 있기이다.

이-인-자 생활 명상이 인생을 지혜롭게, 자유롭게 할 것이다.
지혜롭고 자유로운 인생이 인생의 정석이다.

2) 자아정체관

✦ 대자연과 한 생명인 나는

자연의 몸이고 자연과 한 몸이다.

자연이라는 언표는 '스스로'라는 뜻이고

스스로는 한국 정신 사상의 핵심 키워드이다.

지수화풍 대자연은 생명이고 생명력이고

나는 그 생명이 구체적으로 나타나고 표현되는

생명현상인 생명체이다.

자연이 나를 낳아 주고 살려 주고 죽여 주고 있다.

생명은 전체성이고 생명체는 개별자이고

개별성의 정보와 에너지를 가진다.

모든 개별자는 전체성과 개별성을 함께 가지고 있다.

전체성의 눈(영성)으로 세상을 봄이 달관이다.

구인류는 개별자의 눈(에고)으로 부분적으로 세상을 보며

생존본능 앞세우며 살아왔다.

달관은 내비게이션(우주의식)으로

나(인생)와 세상을 한눈에 보며 살아가는

신인류의 정신인 영성의 앎과 느낌이다.

✦ 지혜롭고 자유로운 나 인생의 주인으로서

무엇이든 알 수 있음이 지혜이고 무엇이든 할 수 있음이 자유이다.

나는 처음부터 이미 지혜롭고 자유로운 생명체로 태어났다.

감각적으로, 철학적으로, 과학적으로, 영적인 직관으로

자연의 정보를 무엇이든 알 수 있음이 나(생명체 의식)의 지혜이다.

정보는 에너지와 함께한다.

정보와 에너지로 무엇이든 할 수 있음이 자유로움이다.

감각과 영성으로 객관적으로 앎과 느낌이 직관이고 지혜이다.

왜소한 개별자 의식으로 편협하게 고정관념과 선입견을 가지고
주관으로 보며 왜곡되게 앎이 어리석음이다.

나는 천상천하에서 유일하게
직접 알 수 있고 직접 할 수 있는 인생의 당사자이고
객관과 주관을 함께 가진 주체이다.
자연의 시스템 안에서
나 하고 싶은 대로 마음껏 선택하며 살 수 있는
자유로운 나는 나 인생의 주인이다.

3) 인생관

✦ 다 함께 행복한 낙원을 위하여

나 혼자만 행복하기를 바라는 이기적이고
서로 긴장하며 생존 경쟁을 하는 인생과
다 함께 행복하기를 바라며 함께 연대하는 동무들의 인생,
두 개의 인생 중
나는 다 함께 행복하기를 바라는
동무 관계의 인생을 선택하기로 한다.
공동체에서 나 홀로 행복만 추구하는 자기중심적 개인주의자는
사람들이 싫어하게 되고 공동체에서
결국 자신의 행복도 지키지 못하게 된다.
자연의 모든 생명체는 자연의 자식들이다.

모든 생명체는 형제자매이다. 남이 아니다.

한국은 나라를 처음 세울 때부터
홍익인간(널리 인간을 이롭게 함)을 처음 마음으로 다짐하였다.
모든 사람이 동포라는 끈끈한 연대감이 있다.
한국인들은 다 함께 행복하기를 바란다.

✦ 이기심 대신 양심 차리기

아집은 자기의 생각과 이익에만 집착하고
자기와 다름을 틀리다고 여기는 자기중심적인 마음이다.
객관적이지 않고 편협하다.
영성본능과 생존본능은
인간의 몸과 마음에 기본으로 자리하고 있으면서
인생에서 대표적으로 발휘되는 두 개의 본능이다.
영성본능과 생존본능의 상반된 두 마음으로 인생을 살기 때문에
공동체에서 잘 살기 위해서는 자기성찰이 꼭 필요하다.

나의 이익만 챙기는 이기주의 말고
너와 나 누구의 편도 아닌 공정한 마음, 양심을 챙기고
항상 깨어 있기 위하여
평생 자기성찰을 하며 살아야 한다.

4) 자기성찰(명상)

✦ 나와 다른 삼라만상과 이-인-자로 어울리며

나와 다른 삼라만상 앞에서
아집을 세우고 저항하며 부딪히며 사는
아-저-부 인생을 멈추고,
자연의 법칙과 함께하는 자연현상을
당연함으로 이해하고 인정하며
나 하고 싶은 대로 자유롭게 선택하며 사는
이-인-자 인생을 살기 위해
날마다 성찰하며 살아야 한다.

왜소하고 편협하고 사사로운(세속적인) 아집을 세우며
당연한 자연을 오해하며 저항하며 부딪히며 살지 않고
이해함이 지혜로움이고 인정함이 저항하지 않음이다.
이해하기는 나가 아직 모르는 이유 알아보기이다.
모든 현상과 상황은 자연의 법칙에 따르는 당연함이다.
법칙에 의한 당연한 이유는 반드시 있다.
나가 아직 그 이유를 모르고 있을 뿐.

이-인-자 생활 명상은
21세기 정신적인 세계화의 시대에서
다 함께 할 수 있는 보편적인 명상이 될 수 있다.

지혜롭게 자유롭게 삶이 인생의 정석이고 명상의 정석이다.

✦ 유유자적 더 느긋하게 더 너그럽게 살겠습니다

나는 스스로이다.

천상천하에서 유일한 나 인생의 당사자이다.

세상에서 가장 나답게, 나 하고 싶은 대로 하며

유유히(강물이 흐르듯) 당당하게 살 것이다.

그리고 나는 더 느긋하게 더 너그럽게 살려고 한다.

각박하게 촉박하게 허겁지겁 허둥지둥하며

소인배처럼 졸렬하게 촐싹거리며 살지 않을 것이다.

꽉 막힌 마음 말고 활짝 열린 호연지기 가득한 마음으로

우주 자연의 스스로 주인공으로서

느긋하게 너그럽게 당연하게 당당하게

이미 완성된 시스템에서 생로병사의 과정(시스템)을

차근차근 겪으며 살아가려 한다.

단 한 번뿐인 소중한 인생의 주인으로서.

5) 달관송 공부

세상은 이미 완성되어 있고 온전하다.

온전한 생명(생태계) 시스템에서 인간의 DNA로 살아가는

나의 인생도 이미 완성되어 있고 온전하다.

전체적으로 완성된 생로병사의 과정에서 지금 살아가고 있다.

112글자의 달관송을 아침마다 암송하며
그 뜻을 공부하며 성찰하며 깨어서 살아간다면
명상의 정석, 달관까지 갈 수 있고 어렵지 않게
인생의 완성과 함께하는 구원에 이를 수 있게 된다.
구원 속에서 살아가는 완성된 인생은 각박하거나 불안하지 않고
유유자적 느긋하고 너그럽게 살아갈 수 있게 된다.

깨달음의 눈을 뜨고 달관의 지혜를 얻게 될 것이다.
21세기에서 깨달음은 21세기적 우주의식인 달관이다.

새벽마다
절 명상, 50배 또는 100배를 달관송을 암송하며 함께 하면
몸과 마음이 아픔으로부터 구원받는 건강을 누리게 될 것이다.
절, 명상을 하면
요가나 헬스, 등산 등 다른 운동은 일절 하지 않아도
몸과 마음 건강에 더 효과적임이 실험을 통해서 밝혀졌다.
절 명상은 아무런 도구 없이 어떤 장소에서도
스스로 할 수 있는 몸과 마음의 명상이고
영성 차리기(챙기기), 깨어 있기 공부이다.

하루의 일과를 끝내고 잠들기 전에 이-인-자 마음 일기를 쓴다.

마음공부는 형이상학적인 공부이다.
나 마음이 행복한 인생의 길을 잘 가고 있는지
불행한 길을 가고 있으면서 왜 나는 불행하냐고
불평만 하고 있지는 않은지 성찰하기 위해서
일기를 쓰면 자신의 인생길이 내비게이션을 보듯이
일기장에서 잘 나타나 보일 것이다.

아집을 세우고 오해하며 저항하며 부딪히며 사는
아-저-부 인생 말고
이해하고 인정하며 자유롭게 사는 이-인-자 인생,
지혜롭고 자유로운 인생의 정석을 위해 날마다 성찰하는
이-인-자 마음 일기 쓰기는 모든 명상 중에서도
자신의 인생을 스스로 새롭게 바꾸는
가장 실효성 있는 인생 공부가 될 것이다.

마음 일기는 외부의 논리적 말쟁이 스승이 아닌
자기 안의 양심(영성)과 직접 만나서 공부하는 스스로 공부이다.
마음 일기를 동무들과 나누며 함께 공부하면
동무들 마음이 플러스가 되어 더 넓어지고 깊어진다.

돈을 많이 벌어 성공한 뒤에 느낄 수 있다고 믿는
섬과 같은 조건부 행복보다,
현재 자신의 처지에서 일기를 쓰며 날마다 조금씩

이해하고 인정하며 행복을 느끼고 그것이 쌓여 감이

인생 전체에서 더 크고 안정된 행복으로 된다.

부자가 되기도 힘들고 부자가 되었을 때도 잠깐만 행복감을 느끼고

행복을 위해서는 수많은 조건이 필요하므로

부자들도 행복과 불행을 겪으며 산다.

마음 일기는 행복과 불행을 함께 공부할 수 있어

행복과 불행 모두로부터 자유로워진다.

일기를 통해 인생 전체를 내비게이션으로 보듯이 달관할 수 있다.

자꾸 공부하면 마침내 인생의 완성 구원에 도달할 수 있게 된다.

K-명상의 정석은 달관 깨달음과 이-인-자 생활 명상이다.

✦ 인생의 완성 구원

우주 자연은 이미 완성된 시스템이다.

그 안에서 살아가는 나의 인생도 이미 완성된 시스템이다.

이를 잘 깨달으면(이해하고 인정하기)

유유자적 느긋하고 너그러운 인생이 된다.

촉박하게 각박하게 살아가는 스트레스 지옥의

왜소한 개별자의 인생에서 벗어나는

우주의식의 달관이요,

느긋하고 너그러운 영성적인 인생이고

왜소한 이기주의자의 스트레스에서의 구원이다.

달관

. . .

✦ 달관의 결론

우주 자연은 천년만년 변함없이 변하며 있는
이미 완성된 시스템이다.
그 안에서 살아가는 인생도
이미 완성된 시스템이다.
이미 완성된 시스템으로 이해하고(깨달음) 인정하면(깨어 있기)
인생의 태도가 느긋하고 너그러워질 것이다.
느긋하고 너그러운 인생 태도가 달관 명상의 완성이다.

21세기에서 달관은
천년만년 인류 전체의 집단 지성(빅데이터)을 다 품고 있는
총체적인 지혜로운 의식으로서
세상의 전체성과 개별성(삼라만상)의 정보와 에너지를
총체적으로 이해하고 인정함을 말한다.
달관은
감각적 직관과 영성적 직관의 알 수 있음(지혜)과 느낌으로
철학적, 과학적 탐구 방식으로
총체적으로 알 수 있음과 알고 있음(직감 지식 영감)이다.

우주의식 내비게이션으로 세상과 시간과 인생을 함께 본다.

신인류의 달관은
세상의 사실을 객관적으로 보는 과학과

인생의 주관적 선택을 말하는 인생 윤리학을 구분함으로써

구인류의

정신 사상적 사유체계의 혼동과 혼돈을 바로잡는다.

(직관: 에고 중심의 편협하고 주관적인 고정관념과 선입견에

 오염되지 않고 객관적으로 직접 보고 느낌. 감각적 직관과 영성적 직관이 있다.)

전체의 눈으로 보아야 사실을 볼 수 있다.

한 개인의 앎은 왜소하고 편협하다.

전체 인류의 알 수 있음과 앎은

바다처럼 넓고 깊은 빅데이터이다.

세상은 살아 있는 하나의 유기체(생명)이고

유기체는 절대 분리되지 않는다.

초연결, 초융합된 세상을 총체적으로 보아야 사실을 볼 수 있다.

부분의 눈으로 분리해서 보면 사실을 알 수 없다.

분리해서 보면서 단정적으로 하는 말은 모두 사실이 아니다.

이원성의 상보성과 조화로움을 이해하고 인정하기.

선과 악, 사랑과 미움, 빛과 어둠, 행복과 불행, 물질과 정신, 존재론과 인식론, 진리(이데아)와 현실, 시간과 공간, 참나와 에고, 육체와 정신, 같음과 다름, 변함과 변하지 않음 등등

세상의 모든 현상은 이원성 정보로 나타나 있고

이원성 개념으로 인식되고 소통된다.

이원성은 하나가 품고 있는 상반된 두 가지 성질이다.

이원성 사이에 무궁한 스펙트럼이 있다.

이원성은 하나이므로 분리되지 않는다.

서양의 전통적인 사유체계는

이원성의 두 가지 성질을 분리하고

이항 대립적으로 이분법적으로 가짜와 진짜로

이성적 주관으로 선택하고 설정하였다.

동아시아와 한국의 사유체계는
하나의 두 가지 성질인 이원성으로 이해하고
분리하지 않고 총체적으로 보았다.
서양철학과 동아시아 전통 철학의 대표적인 차이이다.

동아시아의 전통적인 정신 사상은 총체적인 자연주의이다.
2,500년 전 노자 《도덕경》의 세계관은
형이상인 도와 형이하인 현상으로 나누고 세상의 모든 현상은
도의 그물망 안에 있다고 보았다(현대 서양철학의 리좀형 세계관).
도는 온전한 것이고 천년만년 변하지 않는다.
세상의 모든 현상의 변화와 운동은 도에 따르는 당연함이다.
노자는 《도덕경》에서 이원성을
상반상성(서로 반대이지만 서로를 성립시킨다)이라고 말하며
세상은 넘치지도 모자라지도 않은 온전한,
이미 완성된 시스템이라고 말하고 있다.

세상의 모든 현상을 기(형태와 에너지)라고 보고
기는 반드시 이(자연법칙)와 함께한다.
세상의 현상은 아무렇게나 변하지 않고
반드시 자연의 법칙을 따르므로 당연한 것이다.
노자의 도와 주자학의 이기론은 진리와 현상이 분리되지 않고

동시성이고 일체성임을 똑같이 말하고 있고

이러한 세계관은
21세기에 과학적 자연주의 정신과도 다르지 않다.
과학은 현상의 배후에 반드시 있을 것으로 믿어지는
재현 가능하며 보편적인 자연법칙을 탐구하는 작업이고
그 성과로 현대의 과학 문명을 건설하고 있으니 말이다.

동아시아의 총체적 자연주의는
고대 그리스의 플라톤에서 칸트에 이르기까지
이항 대립적으로 분리한 세계관과 다르다.
철학적 세계관이 다름에 따라
서양과 인도는 복잡한 세계관과 인생관을
동아시아는 간결한 세계관과 인생관을 품고 살아가게 된다.

21세기에서
신인류의 세계관을 새롭게 정립하고자 제시된
새로운 사유체계인 '달관'은,
총체적이고 일원론적인 동아시아 전통의 세계관을 이어받으며
새롭게 전체성과 개별성 개념을 추가하고 있다.

세상 전체를 전체성과 개별성의 정보와 개념으로 나누어 보는
존재론이 새로운 것은 아니지만,

그동안 서양철학에서 전체론(유기체론)과 환원론(기계적 존재론)이
서로 옳다고 논쟁만 해 왔고,
서로 회통하거나 통섭되지 못했다고 보고
우주 자연 전체의 전체성과 삼라만상 하나하나의 개별성이
어떤 관계이고 어떻게 상호 작용을 하며
천년만년 변함없이 세상이라고 하는 하나의 정체성을
유지하고 있는지 선명하게 논설하려고 한다.
달관 사상에서 전체성과 개별성은 하나로 회통하고 통섭된다.

전체성과 개별성은 자연 전체의 이원성이고
또 한 개별자의 이원성이다.
전체는 전체성과 개별성을 함께 품고 있고
개별자도 전체성과 개별성을 함께 가지고 있다.
일정한 독립성과 일정한 유기성(연기)을 동시에 품고 있다.
지금까지 구인류가
자신을 개별자라고 여기며 개별성의 마음으로만
부분적으로 세상과 자신을 편협하게 인식하며 살아왔다면
이제 신인류는
전체성의 마음(영성)으로 세상과 자신을 총체적으로 인식하며
살아가고자 함이 '달관 사상'이 품고 있는 뜻이다.

왜소하고 왜소한 하나의 개별자인 인간은
무한하고 온전한 전체 속에서 살면서

자신이 가진 것은 작다고 부족하다고
불만족스러워하며 두려워하며
온전한 전체성의 충만함을 동경한다.
왜소한 개별자의 근본적인 한계이다.
전체성과 개별성 시스템의 천명(하늘의 명령, 필연성)이다.

왜소한 개별자들 사이에 온갖 토속적인 미신이 생겨나고
거대한 종교를 성립하며 신앙하기도 한다.
우주 자연 전체는
하나의 유기체인 생명 시스템으로 이미 완성되어 있고,
자연의 구성 요소인 원자와 분자와 물질들도
스스로 완성된 시스템 홀론 현상들이다.
양자물리학이
원자의 안을 들여다보면서
하나의 원자도 정밀한 조직과 구조에 의한 신비로운
에너지 시스템임을 밝히고 있다.

우주 자연의 정보가
전체성과 개별성 정보로 이원성으로 차려져 있고
인간의 의식도
전체성(생명의식 영성)과 개별성(생명체의식 에고) 의식으로
특성이 이원성으로 조직되어 있는 시스템이다.

그리고 한 인간의 인생도

자연 전체와 정교하게 유기적으로 연결된

온전한 시스템으로 완성되어 있다고 봄이 '달관 사상'이다.

태극문양 – 일원론, 이원성, 전체성과 개별성을 상징한다.

한국을 상징하는 국기는 태극기이다.

양자물리학자 '닐스 보어'가 중국에서 태극문양을 처음보고

놀라며 크게 감동하였다.

1

전체성과 개별성

• • •

우주 자연 전체는 처음부터 초연결, 초융합된 하나의 유기체이다.

유기체란

여러 가지 요소가 유기적으로 모여서 조직된

일정한 정체(정보와 에너지, 독립성, 개별성)를 가진 전체를 말한다.

자연의 지수화풍이 지구상의 모든 생명체의 생로병사를 주관한다.

자연 전체가 생명현상을 일어나게 하는 생명력이다.

생명은 무엇인가?

지수화풍(대지 물 태양 공기)이 융합된 우주 자연 전체이다.

어느 것 하나만 없어도 아무 생명현상도 일어나지 않는 죽음이다.

생명체는 지수화풍(생명)에 의해 나타나는 생명현상이다.

모든 물질은 에너지이다. 죽어 있지(멈추지) 않고 살아서 활동한다.

우주 자연은 살아 있는 생명 유기체이다.

우주 자연 전체인 생명력은 초연결, 초융합된

전체자이고 전체성을 가지고 있다.

생명현상인 생명체들은 하나의 개별자이고 개별성을 가지고 있다.

생명과 연결되고 융합되어 있는 생명체는

전체성과 개별성을 함께 가지고 있다.

우주 자연의 모든 개별자는 일정하게 독립된 개별자이면서
동시에 유기적인 전체성을 함께 가지고 있다.

우리는 눈을 뜨면 언제나 자연의 전체요, 삼위일체 요소인
하늘과 땅과 인간을 마주하게 된다.
연결되고 융합되어 분리된 적이 없는 하늘, 땅(자연), 인간.
하늘(우주) 속에 지구별이 있고
지구별에는 인생의 주인공 인간이 있다.

나는 초연결된 전체 정보와 일정한 독립성이 있는
개별자들 정보를 함께 보며 살아간다.
현미경으로도 보고 망원경으로도 볼 수 있다.
나 마음의 내용은 그 정보(지식)들로 가득 채워지고 있다.
구인류들은 개별자들의 정보를 주로 보며 살았지만
철학자들이나 성인들은 전체적인 정보를 보았고
이를 깨달음이라고 불렀다.
21세기 신인류들은 초연결, 초융합의 문명을 건설하고 누리며 사는
전체의 눈을 뜬 지성인(깨달은 사람)들이다.

전체자의식인 생명의식으로 세상을 봄이 달관이다.
생명의식을 한국의 심리학에서는 신령스러운 영성이라고 하고
생명체의식을 혼이라고 한다.
나의 마음은 영혼이다.

전체의식과 개별자의 의식을 함께 가지고 있다.

인류와 모든 생명체는 처음부터

영성본능(전체성 의식)과 생존본능(개별성 의식), 두 개의 본능이

DNA에 이미 새겨져 있다.

감각적으로도 외부의 개별성 정보와 전체성 정보를

함께 보고 느끼며 살고 있고

정신적으로도 내부에 개별성 의식(에고)과 전체성 의식(영성)을

함께 가지고 살고 있다.

우주 자연 전체는

원만구족하게 원융무애하게 조화롭게 이미 완성되어 있다.

생명의 생명체인 나의 인생도 생명의 생태계 시스템 안에서

이미 완성되어 있다.

이렇게 나와 세상을 전체적으로 잘 이해하며

인생을 살아가는 사람이 지성인이고 깨달은 사람이다.

이러한 깨달음이 자신의 확실한 신념이 되어

세상의 모든 현상을 봄을 달관이라 한다.

인류가 끊임없이 신을 찾고 신에 의지하려 함은

왜소한 개별자의 원만구족한 전체자에 대한 외경심이다.

하나의 생명체는 전체성인 생명 시스템 속에서 살아간다.

천상천하에 우주 자연 하나만 홀로 있다.

고로 생명보다 더 높은 존재는 없다.

생명은 스스로이다. 신이다 하늘님이다.
생명력이 무소부재하게 임하며 생명체들을
끝없이 살려 주고 죽여 주고
원시반본하며 순환하므로 지속 가능한 시스템이다.
생명의 생명체의식이 나의 정신이고 마음이다.

이를 일러서 "너 마음이 부처이다."
"너 안에 성령(하나님 마음)이 있다."라는 말씀이 있다.
한국에는 사람이 하늘이라고 하는 인내천 사상이 있다.

하나의 씨알에서 DNA는
하나의 개별자(씨알)가 품고 있는 전체성이다.

자연의 모든 생명체는 암컷과 수컷이 만나 씨알을 남기고
번식을 하며 멸종되지 않게 한다.
인간의 정자와 난자도 만나서 수정체가 되고
60조 개의 세포로 분열한다.
수정체는 하나의 개별자이면서 성인이 되어 한 인간으로서
생로병사의 인생을 살아갈 인생 전체를 다 품고 있는 전체성이다.
하나의 DNA(씨알)가 다음 생명체에 전해지는 것은
한 생명체의 일생인 생로병사의 시스템이 전해지는 것이다.
하나의 유기체인 인간의 몸에서
60조 개의 세포와 팔, 다리, 머리 등 다양한 기관이

스스로 자기가 맡은 일을 열심히 하지만 몸 전체를 위한 일들이다.

60조 개의 유기적인 세포 중 하나가 암세포로 변하면

결국 전체가 죽게 된다.

세포 하나는 몸 전체와 초융합된

개별성과 전체성을 함께 품고 있다.

생명체의 세포 하나로 생명체 전체를 똑같이 복제할 수도 있다.

하나의 세포 안에 전체의 시스템 DNA가 담겨 있어서 그러하다.

하수도의 오염된 물이 바다에 이르고 순수한 수증기로 기화하여

하늘로 다시 오르며 원시반본하며 끝없이 윤회(순환)함과 같이

개별자 생명체는 죽어서 자연으로 돌아가고 전체성 DNA는

죽지 않고 살아서 2세, 3세로 이어지며

끝없이 윤회하며 생태계를 유지한다.

전체 생태계는 변함없이 변화한다.

한 개인은 자기가 하고 싶은 일을 직업으로 삼고

자기를 위해 열심히 일하지만

그 일은 수많은 소비자를 위하는 제조나 서비스가 된다.

모든 직업은 소비자와 연결되고 그 자신도 소비자가 된다.

한 개인은 전체 공동체의 꼭 필요한 구성원이 되어

전체 사회를 이루며

공동체의 정치와 경제 정책에 관심을 가지고 참여한다.

한 개인은 개별성과 전체성(공동체성 사회성)을 함께 가지고 있다,

"우주 자연의 삼라만상 모든 개별자는
개별성과 전체성을 함께 가지고 있다."
이를 이해하고 동의한다면
서양철학의 오랜 논쟁거리인 전체론과 기계적 환원론의
회통이고 통합이다.

2

전체의 눈으로 본 전체와 부분이 사실이다

• • •

부분의 눈으로 본 전체와 부분은 사실이 아니다.

이 세상을 하나의 유기체라고 한다면,

유기체란 분리되지 않으므로 분리해서 또는 분리를 전제로 하고

펼치는 논리나 말은 사실이 아니다.

일원론, 유기체적 전체론, 목적론 등은 고대 철학자들부터 시작해서

종교들에서도 세계관으로 제시되어 왔었다.

과학자들은 기계론적으로 분석하고 환원하며 개별성을 강조한다.

그리고 모든 개별자를 관통하는 보편적인

하나의 자연법칙을 찾아내려 탐구한다.

생명과학자들도 세포와 DNA를 분석하고 연구하고

기관 조직을 분석하고 연구하며 생명체 시스템을 연구하고

생태계 시스템을 연구하게 되고

결국 우주 자연의 지수화풍 전체가 생명력임을 말하게 된다.

우주 자연 전체의 유기적인 유기체성과

전체를 구성하고 있는 삼라만상 하나하나의

개별자와 개별성을 함께 보아야 한다.

어느 하나도 분리되지 않는다.

우주의 밖이 없어서 필요 없다고 우주 밖으로 버릴 수도 없다.

개별자는 절반만 독립(개별성)이지 완전 독립은 아니다.

전체의식이고 생명의식인 달관의 눈으로 보면

전체성과 개별성이 끝없이 얽혀 있고 중첩되어 있고 상보성 관계이고 전체는 동시에 함께 있는 동시성(하나의 시간)이다.

시간은 하나뿐이라 모두가 동시성이다.

동시에 함께 존재하고 있다.

서양철학이 진리의 세계와 현실 세계를

시간적으로 공간적으로 분리하려 함은

두 개의 우주를 말하는 심각한 오류이다.

전체성과 개별성의 이원성은 더 조화로운 온전함이다.

서양철학이 오랫동안

인식하는 자와 인식의 대상인 존재를 분리하며

인식론과 존재론을 따로 논설해 왔다.

달관 사상은

정보(존재)와 의식이 만나야 앎(인식)이 성립된다고 보고

앎을 위한 필연적인 관계인 이원성으로 이해한다.

자연의 정보(에너지와 시간을 품고 있다)는

생명체 의식과 만나야 앎이 일어난다.

생명체 마음(의식 정신)의 기억은 모두 자연의 정보로 채워져 있다.

정보가 없고 의식만 있다면? 정보만 있고 의식이 없다면?

하는 가설은 실재하지 않는다.

앎은 반드시 알 수 있음(의식)과 정보가 만나야 성립되는 시스템이다.

고로 의식과 정보는 앎의 이원성이다.

존재론과 인식론은 달관 사상에서

필연적인 이원성 시스템으로 하나로 회통하고 통합된다.

자연은 진리이다.

변함없이 변하고 있는 자연의 모든 현상도 진리의 나타남이다.

나는 자연이다. 나의 행위들도 모두 자연스럽다.

자연은 스스로이다. 당연함이다.

생명체의식인 나는 생명의식인 온라인에 접속해 있는

하나의 캐릭터이다.

생명체인 나의 몸은 자연 시스템에서 마음껏 활동을 한다.

시스템을 이해하고 인정하며 자유롭게 살아감이

인생의 정석이다.

구인류는 깨달음이 너무나 어려웠다.

4차 산업 이전에는

왜소한 개별자(에고)로 살면서 온라인과 접속할 수 없었던 구인류는

전체의 눈을 뜨는 깨달음이 너무나 어려웠었다.

극히 일부의 선각자들만 깨달음이라고 하는 전체의 눈을 뜨고
전체성에 대해 말했지만 구인류의 문명과 생활이
부분적인 문명이고 부분적인 생활이어서 이해하기가 어려웠다.

21세기 신인류는 온라인과 가상 세계를 품고 있다.
빅데이터와 AI를 그리고 우주의 눈, 내비게이션을 가지고 있다.
도시 전체와 국가 전체가 초연결, 초융합된
스마트 시티에서 살고 있다.
경제적으로, 문화적으로 세계화된 글로벌 시민이다.

21세기 신인류는 기본적으로
초연결, 초융합된 전체적인 문명 속에서
깨달음(총체적 달관)을 안고 살아간다고 할 수 있다.

그러니 아직도 구인류처럼 왜소한 개별자로서 부분적으로
세상을 오해하며 저항하며 살고 있다면
이제는 전체의 마음, 생명의식으로 깨어서 달관하시라.
편협하고 왜소한 개별자(생명체)의 마음에만 머물지 말고.

에고(개별성)와 참나(전체성)를 모두 이해하고 인정해야
에고와 참나의 인생으로부터 자유로워진다.
에고를 버리고 에고를 없앤 후에 참나를 차릴 수 있다고 한다면
끝없이 에고를 버리는 명상을 해야 할 것이다.

에고는 결코 인생에서 없어지지 않을 것이므로.

우주의 눈, 내비게이션으로 본다.
내비게이션은 우주의 눈이고 나와 세상을
전체적으로, 객관적으로 보는 눈이다.
나가 처음으로 찾아가는 여행지의 한 호텔은
전체 도시에서 한 지점에 있다.
처음으로 찾아가는 나의 목적지는
왜소한 몸의 눈으로는 전체적 사실이 보이지 않는다.
방향과 거리를 편협하게 오해하며 방황하게 된다.
전체의 눈, 내비게이션으로 보아야 잘 보인다.
내비게이션으로 보면 나의 목적지와 나의 현재 위치가
사실적으로 잘 보이므로 실수 없이 찾아갈 수 있게 된다.
나와 세상을 함께 객관적으로, 전체적으로 봄이다.

나의 인생이 미래에 어떻게 펼쳐질지 가늠하기 어렵다.
인생 내비게이션으로 나의 인생을 보면
수천 년 전 과거의 인류들이 끊임없이 순환하는 생태계에서
어김없이 생로병사의 한 인생을 살아 냈듯이
나도 그 인류의 역사에서
한 인생으로서 한 시점에 서 있음이 잘 보일 것이다.
내비게이션은 우주의 눈, 전체의 눈이다. 우주의식이다.
전체의 눈으로 보아야 사실(진리)을 볼 수 있다.

3

시간(과거, 현재, 미래)은 분리되지 않는다

• • •

과거, 현재, 미래가 연결되고 융합되어 있다.

과거, 현재, 미래를 분리하거나 시간을 정지시킬 수 없으므로

과거, 현재, 미래를 함께 봄이 시간 속에서 달관함이다.

전체의 눈으로 보면 시간과 역사까지 함께 보인다.

정보의 강은 과거의 역사를 품고 흘러가면서

또 새로운 역사를 남긴다.

역사도 인류의 소중한 정보이다.

21세기의 학교에서 아직도 역사를 공부하고 있는 이유이다.

나 나이는 70세이지만

나가 살고 있는 지금 인류 문명의 나이는 6,000여 년이다.

6,000년 문명의 눈으로 나와 세상을 보라.

자연의 모든 정보는 시간과 함께한다.

시간에 실려 있지 않은 시간이 정지된 정보는 실재하지 않는다.

우주의 눈으로 나 앞의 우주를 보라. 우주의 역사와 함께 보라.

한 사람의 눈으로 우주를 다 보고 이해할 수 있을까?

오랜 역사를 통해 아직도 기억되고 있는 유명한 인물들,

철학자, 과학자, 영성가, 예술가, 천체과학자, 전쟁 영웅들,

그리고 수많은 악마. 천사,

그들의 문명과 삶의 역사가 모두 인류의 인생이다.

인생을 잘 이해하려면 인류의 역사도 함께 보아야

변함없는 자연과 변하는 인류 문명의

미래 활동을 알 수 있게 된다.

과거와 미래는 없고 현재만 있으니

과거와 미래의 걱정을 무시하고 내려놓으라는 가르침은

명상에서만 말할 수 있는 비현실적인 속임수이다.

과거와 미래를 부정하면 현재도 성립되지 못한다.

과거와 미래가 없는 인생을 살 수는 없지 않은가?

아무 두려움, 불안함, 긴장이 없는 인생은 재미없는

권태로운 드라마이다.

시간은 절대로 정지시키거나 분리할 수가 없다.

지구와 태양의 자전과 공전을 멈추거나

원자 안에서 전자의 스핀과 회전을 막을 수 없음과 같다.

4

이원성은
상보성과 동시성이다

• • •

2,500년 전 노자의 《도덕경》에
이원성의 상보성에 대해 자세히 기술되어 있다.
태극 사상도 이원성 세계관이다.
태초에서부터 하나의 태극이 품고 있는
음과 양의 상반되는 두 성질이 끝없이 서로 작용하며
세상의 만물이 생기게 하고 변화하게 한다.

양자물리학이 원자의 안을 들여다보니 +전하와 -전하가
서로 당기는 힘과 밀어내는 힘을 가지고 서로 작용하며
회전을 함이 자기력이 되고 에너지가 된다.
그리하여 "모든 물질은 에너지다."라고 말할 수 있게 된다.
지구가 자전을 하고 공전을 함도 마찬가지이다.
지구가 멈추면 시간도 멈추게 될 것이다.
시간이 멈추면 생명도 멈추게 될 것이다.
그러니 세상의 모든 에너지의 움직임과 변화는
이원성으로부터 시작된다고 말할 수 있다.
이원성은 자연의 모든 정보의 개념을 표현하고 공유하게 하는
본질적인 상대성이다.

이원성은 상반되지만 상보적인 두 성질이다.
상보적인 두 성질의 어울림이
무궁한 생성과 변화를 일으키는 조화로움이다.
하나보다 둘이 함께 있어 세상은 더 온전하다.

극단적인 두 성질 사이에 무수히 많은 스펙트럼이 있다.
무궁한 스펙트럼에서
마음껏 선택할 수 있음이 인생의 자유이다.

달관적 태도는
이원성의 상보성과 조화로움 전체를 이해하고 인정한다.
어느 하나도 무시하거나 버리지 않는다.
불교의 고타마 싯다르타는 이원성의 양극단을 모두 버리고
중도를 깨달았다고 말한다.
달관 사상은 이원성의 양극단을 모두 이해하고 인정함을
중도라 하고 이를 깨달음이라고 한다.
세상의 삼라만상 중 하나도 버릴 것도 없고 부족한 것도 없어서
지금 이대로 세상은 조화롭고 온전하다고 한다.

달관 사상은 '인생의 완성 구원'과 이어진다.

5

달관은 신인류의 깨달음의 눈이다

• • •

제1차 정신혁명기의 2,300년 동안 구인류의 혼돈의 사유체계를
21세기에서 새롭게 선명하게 정돈하기로 한다.
객관적인 사실을 밝히는 세계관은 철학이 담당하고
주관적인 선택을 하며 살아가는 바람직한 인생관은
'인생윤리학'이 담당하게 한다.
객관적 사실과 주관적 선택을 혼동하지 않게 함으로써
철학과 인생윤리의 뒤섞임으로 인한 구인류 사유체계의
혼돈을 해결한다.
감각적 직관과 영성적 직관으로
철학과 과학과 인생윤리학을 탐구한다.
과학과 인생윤리학 사이에서 철학의 위치는 애매해진다.
자연의 사실을 탐구하는 과학과 과학이 밝혀낸 세상 속에서
인간은 어떤 선택을(이상적인 공동체를 위한) 하며 인생을 살아갈지
인생윤리학이 탐구하고 공부하면 될 것이다.
과학 중심의 지식인 학교에 인생 중심의 인생학교가 꼭 필요하다.
'인생윤리학'이
정치학, 법학, 경제학, 사회학, 윤리학, 행복학 등을 통합하게 한다.

과학적 자연주의는 물질 중심이고 과학적 방법(관찰)에 집중한다.

달관은 과학과 인문학을 함께 품은 인생 내비게이션이다.

달관 정신은

초연결, 초융합의 21세기적 문명의 총체적인 정신이다.

빅데이터와 온라인을 품은 신인류의 정신이다.

과거의 부분적 관찰이나 통찰 그리고 이원성의 상대성을

분리하여 취사선택함에 대하여

전체를 다 상보성과 조화로움으로 이해하고 인정하는

총체적인 태도를 취한다.

전체자의 의식은 우주의식이고 신의 의식이다.

전체자보다 더 높은 존재는 없을 것이므로.

전체자는 원만구족하고 무소부재한 신성을 가지고 있으므로.

21세기 신인류는 성인들의 의식에 가까운

전체의식에 다가가며 살게 될 것이다.

생명의식인 영성(참나)과 생명체의식인 에고

둘 다 버린 불교의 무아는 불교적 중도일 뿐이다.

생로병사의 주체인 인생의 플레이어(에고)를 삭제하고

열반을 지향하라는 가르침에 동의할 수 없다.

영성과 에고, 양심과 이기심, 전체를 다 품는 전체 달관의 태도가

어느 편에도 기울지 않은(편협하지 않은)

신인류의 진정한 중도이다.

✦ 이원성의 상보성과 조화로움을 달관하기

대표적인 이원성들
전체성과 개별성, 음과 양, 암컷과 수컷, 정보와 에너지, 정보와 인식, 시간과 공간, 같음과 다름, 생명과 생명체, 물질과 정신, 몸과 마음, 공과 색, 에고와 참나, 천사와 악마, 선과 악, 정의와 불의, 사랑과 미움, 빛과 그림자, 진보와 보수, 만족과 불만족 등등

이원성의 두 짝을 다 이해하고 인정함이 달관적 태도이다.
미는 힘과 당기는 힘은 서로 반대이다.
계속 밀기만 하면 아주 멀어져 버릴 것이다.
계속 당기기만 하면 붙어 버릴 것이다.
밀고 당기고를 동시에 하니까 변함없이 회전을 한다.
회전은 변함없이 그 상태(정체성)를 유지할 수 있는 온전함이다.
이원성은 자연의 본질인 조화로운 시스템이다.
동시성이고 필연성이다.

다름을 이해하지 않고 인정하지 않고 편협하게 오해하며 저항함은
어리석고 자유롭지 않은 스트레스 인생이다.

달관은
생명을 중심으로 나와 세상을 이해하고자 한다.
생명력은 지구촌 전체에 무소부재하게 공명(파동)하므로 보편성이다.

보편성은 동서고금을 막론하고 다르지 않다.

달관 사상은
구인류와 다른 신인류의 새로운 정신 사상이다.
달관 사상은 양자물리학과도 회통하고 통섭한다.
세상의 전체는 하나의 유기체이므로
전체와 회통하고 통섭되지 못하면 사실이 아니다.

<u>물질은 입자적 특성과 파동적 특성을 동시에 가진다.</u>
<u>의식은 감각적 앎과 공명적 느낌을 동시에 가지고 있다.</u>
감각적 앎은 입자적 특성을 인식하고
에너지적 파동은 의식에 공명하며 직관된다.
공명적 느낌은 에너지적 파동의 연결과 융합을 총체적으로
알 수 있다.
감각적 앎과 할 수 있음은 몸 중심의 에고적(개별성) 특성이고
공명적 느낌은 영성적인 전체적(유기체) 특성이 있다.

100년 전에 전통 과학 속에서 요상한 양자물리학이 시작되었다.
100년 동안 천재적인 과학자들이 달려들어
열심히 열심히 탐구하더니
이제 학교에서도 가르치며 대중적인 정설로 대접받게 되었다.
양자물리학은 인류의 최신의 물리적 세계관이다.
결국 인간의 감각적, 영성적 알 수 있음에 의해 공감되고 공유되며

양자물리학적 앎이 인류 문명의 중심에 자리 잡게 되었다.

세상은 정신과 물질 두 개의 특성이 초연결, 초융합하며
일정한 정체성(생명 현상)을 유지하며 살아가는 유기체(생명)이다.

물질은 입자적 정보와 파동적 에너지를 동시에 가지고
인간의 감각적 앎과 느낌, 영성적 앎과 느낌의 앞에 있다.
입자적 정보는 감각으로 알고
파동적 에너지는 공명적 의식인 느낌으로 알 수 있다.
공명적 의식은 총체적, 보편적 의식인 영성적 특성이다.
물질이 입자성과 파동성이 동시에 있듯이
그것을 인식하는 의식에도 앎과 느낌(공명)이 있다.
감각은 입자적 정보(형태)를 알 수 있고
공명은 파동적(에너지적) 정보를 느낄 수 있다.
공명은 초연결, 초융합된 온라인망과 같다.
빛보다 빠르게 공유되며 소통된다.
원자와 물질의 입자적 정보는 시각적 감각으로 알 수 있고
파동적 에너지는 운동하고 변화하는 시간 속에서
과거의 운동과 변화의 기억(경험)도 함께 종합하여
알 수 있고 느낄 수 있다.

독사와 벌이 독 에너지를 가지고 있음은 시각적으로는
보이지 않지만 경험을 통해 알 수 있게 되고

과학적으로 관찰을 해 보면

독성 물질의 에너지가 있음을 확인할 수 있게 된다.

감각과 경험에 의해 독사와 벌은 독이 있음이 느낌으로 형성되고

두려워하며 경계하게 한다.

달관 사상은

양자물리학의 키워드를 함께 사용하며 개념을 표현한다.

상보성, 얽혀 있음, 중첩, 동시성, 불확정성, 도약 등

세상의 모든 물질은 원자로 이루어져 있고

인간의 의식은 무엇이든 알 수 있고 할 수 있다.

의식의 공명은 빛의 속도보다 빠르게 도약한다.

지구촌 인생학교들에서

K-달관 사상을 교과서로 함께 공부한다면

경제적인 세계화에 이어 정신적인 세계화를 이루게 될 것이다.

달관 사상이 경쟁 관계가 아닌 동무 관계를 가르치므로

싸움을 멈추고 다 함께 평화롭게 잘 살아 보자는

느긋하고 너그러운 동무들의 마음이

세상에 가득 공명하게 될 것이다.

✦ 달관 사상은 모든 이항 대립을 하나로 회통하고 통섭한다

▶ 총체적인 유기체적(생명) 세계관이다. – 세상은 이미 완성된 시스템이다.

  스스로 변함없이 변하고 있다.

세상에는 유일하게 자연 하나만 있다. 이를 '스스로'라고 한다.

우주 자연의 모든 현상은 자연의 법칙을 따른다.

고로 자연현상은 당연한 것이다.

모두가 진리이다. 모두가 실체적 현상이다.

▶ 유기적 전체론과 기계적 환원론을 하나로 통섭한다. – 개별자는 개별
성과 전체성을 함께 가지고 있다. 얽혀 있고 중첩되어 있다. 상보성 관
계이다.

▶ 존재론과 인식론을 하나로 통섭한다. – 존재(정보 에너지)와 인식이 만나
야 앎(지식)이 생겨난다. 존재와 인식은 앎의 이원성이다. 분리되지 않
는다.

▶ 감각적 현실과 진리의 회통 – 인간은 감각적, 과학적, 철학적, 영성적
앎을 통해 총체적인 세상을 이해한다.

모든 현상은 자연의 법칙을 따르므로 당연하다.

▶ 유물론과 유신론이 하나로 통섭된다. – 마음(알 수 있음)이 정보(물질 에너
지)를 만나서 앎이 일어난다. 생명체는 물질과 정신이 하나로 융합된
상태이다.

▶ 성선설과 성악설의 단정은 오류이다. – 양심과 이기심, 선과 악을 함께
가지고 있다. 천사가 될 수도 악마가 될 수도 있다. 선과 악의 정도를
DNA에 갖고 타고나며 성장 환경과 학습의 영향도 받게 된다.

선과 악은 선택할 수 있다.

▶ 참나와 에고는 한 마음의 이원성이다. – 영성본능과 생존본능.

▶ 시간과 공간 – 공간(에너지 물질)의 운동(에너지 활동)이 시간이다.

▶ 세상은 변함없이 변하고 있다. – 유상함과 무상함이 동시성이다. 전자

의 스핀과 회전, 지구의 자전과 공전, 회전운동, 순환운동, 원시반본.

▶ 성속일여 – 성스러움과 세속이 한 마음의 이원성이다.

모든 개별자는 전체성을 함께 품고 있다.

양심과 이기심, 생존본능과 영성본능이 한 마음의 이원성이다.

▶ 자유와 평등 – 자유는 공동체가 이해하고 인정하고 평등은 개인이 이해하고 인정하며 살아야 할 인생의 시스템이다.

▶ "인생은 고통이다."라는 편협한 단정을 바로잡는다.

인생은 행복과 불행이, 천국과 지옥이 조화롭게 어울리며

적당히 긴장하며 권태롭지 않게 한다.

▶ 이원성 시스템 전체를 이해하고 인정하며 사는 삶이

달관적이고 중도적인 삶이다.

이원성의 양극단을 모두 버리는 중도는 불교적 중도일 뿐이다.

이원성은 인생 이전의 시스템이라 필연성이다.

인간이 분리할 수도 버릴 수도 없다.

명상의 정석

. . .

명상에 정석이 있을까?

미리 정해진 정석은 없다.

많은 사람이 공감하고 인정하게 되면

대중들에 의해서 정석으로 인정받게 된다.

명상을 왜 할까?

마음의 이원성 때문에 명상을 한다.

인간은 **영성본능**(전체성, 양심)과 **생존본능**(개별성, 에고, 이기심)

두 마음으로 살아간다.

나 몸은 59kg이고 지구는 59억 톤이다

우주의 크기는 500억 광년이 넘는다.

개별자의 몸과 의식(에고)의

왜소함과 불안함과 부족함이

무궁하고 온전한 전체성 의식(영성)에 대한

외경심을 갖게 되고

충만한 마음 상태에 머물고 싶어서 종교와 명상을 지향하게 됨이

나 안에서 종교와 명상의 본질이다.

명상은 바람직한 공동체 생활을 위해서 꼭 필요하다.

자기중심적인 이기심은 인간관계와 공동체에서

스트레스를 주고받게 된다.

공동체에서는 공정하고 양심적인 사람이 공감되고 인정받게 된다.

에고(자아)가 나쁜 것은 아니지만
자기중심적인 에고와 이기적인 에고가 공동체에서
서로 부딪치게 한다.
인간관계에서 양심이 이기심을 성찰하는 명상이 필요하다.

인류는 오래전부터 명상을 해 왔다.
전체 생태계를 품고 있는 우주 자연은 완성된 시스템이다.
영성본능과 생존본능, 두 마음으로 살아가는 인생도
완성된 시스템이다.
완성된 세상과 인생을 이해(깨달음)하지 못하고
인정(깨어 있기)하지 않으면
어리석어서 저항하게 되고 인생으로부터 자유롭지 못하다.

인류는 오래전부터 기도하고 성찰하며 영성을 동경해 왔다.
미래에도 인류는 자기를 성찰하며 살아갈 것이다.
양심(영성)과 이기심(에고) 두 마음으로 잘 살기 위하여
탈종교 시대에서 종교 대신에 명상을 하며 살게 될 것이다.

1

21세기
명상의 현실

• • •

인도 심리학에서 핵심 키워드는 참나(무아)와 에고이다.

명상 관련 많은 유튜브 영상에서 에고를 버려야만 한다는

영성 지도자들의 가르침에

누구라도 그러하듯이 혼란스러워한다.

유튜버와 구독자의 대화 영상을 함께 보며

명상에서 마주하게 되는 참나와 에고의 혼돈에 대해

함께 정리해 보기로 하자.

유튜브 방송 '써니즈: 함께성장'에서 소개하고 있는

명상의 가르침들이 갖는 한계에 대하여,

어느 구독자의 댓글

왜 다들(영성 지도자들) 에고를 없애야만 하는 존재로 여길까요?

에고로 인해 고통이 생긴다는 것은 이해했습니다.

깨달음이 '개체로서의 삶을 초월함'이라면

개체로서 살아가는 삶은 무의미할까요?

세상의 현상들은 영원하지 않고 무상하니 실체가 없어서

공하고 꿈과 같고 함이 진리라고 치고

우주가 천년만년 이런 식으로밖에 존재할 수가 없다면

결국 지금 이게 피할 수 없는 현실이라는 말이잖아요.

그렇지만 또 한편, 날마다 매 순간 어김없이 생생하게 경험하는

일상의 소소함들로 가득 찬 인생이란 도대체 무엇일까요?

'써니즈'님께 묻는 게 아니라 사실 제 자신에게 묻고 있는 질문들이네요.

'써니즈'님의 응답

마음공부를 하다 보면

명상 전문가들의 에고를 없애는 작업에 대해 듣기도 하고

건강한 자아를 만드는 이야기도 듣게 됩니다.

어느 한쪽을 따라가다 보면 다른 한쪽은 멀어지는 것만 같은 느낌이 들지요.

오늘은 이와 관련된 이야기입니다.

우리들이 보통 마음공부를 하기 전에는 삶의 주체를 에고 자체와 동일시하며 살아가게 되잖아요? 에고를 나라고 여기고 나는 생각이고 감정이고 몸이고 이게 나고 이거밖에 없구나 하다가 마음공부를 시작하면서 생각을 바라볼 수가 있구나, 생각 감정 몸을 느끼고 바라보는 무언가가 있구나.

즉, 이 세상 모두는 대상이고 어떠한 대상들을 알아차리고 바라보는 무언가가 있구나 하는 자각을 하게 되었습니다.

과거에는 '나가 생각함'에서 끝나 버렸는데 이제는 생각하는 나를 대상

으로 바라보며 알아차리는

언제나 변함없이 존재하고 있는 또 다른 나를 새롭게 알게 되었습니다.

우리들 의식 속에 끊임없이 나타났다 사라지는 드라마 같은 끝없는 꿈과 같은 생각들 전체를,

언제나 살아 있어서 생생하게 바라보는 일관된 그 나를 본질적인 나라고 치고,

현실에서 현실 감각 앞에 생생하게 끝없이 펼쳐지는 온갖 정보들과 드라마들, 나의 대상인 너와 공동체의 인간관계들 속에서 생존본능 앞세우며 치열하게 고군분투하며 생활하고 있는 주체로서의 나(에고),

이런 부분들을 없다고 할 수는 없잖아요. 날마다의 생활을 부정함은 인생 전체를 부정해 버림 아닐까요?

그리하여 마음공부를 하면서 여기에서 갈등이 생기고 까딱 잘못하면,

그래, 알아차리고 있는 이 영원한 이 무언가가 참나야 하면서

현실에서 나와 대면하는 치열하고 심각한 일들은 다 꿈같은 환상들이라고 무시해 버리면서 알아차림으로 도피(회피)를 해 버리는

명상의 결과에 이르게도 됩니다.

사실 대부분의 명상 지도자들이 "에고를 놓아 버려라, 관찰자 모드로 체인지하라, 알아차려라, 멈추어라, 과거와 미래는 없다."라고 가르칩니다.

하지만 이 지침이 진정 바람직한 인생의 길이 될 수 있을까요?

그리하여 저의 공부 경험에서 보면 알아차리며 바라보는 참나와 에고가 분리되었다가 이제는 통합을 지향하고 있는데 에고만을 나라고 여겼을 때와 마음공부 후 참나와 에고가 통합된 나는 다르다.

어떤 명상가들은 통합해야 한다고 말하고 있지만 통합에 대해 나는 아직 잘 모르고 있어 더 공부를 하려고 합니다.

이와 관련된 책이나 영상들 알고 계시면 소개해 주시기 바랍니다.

이 영상을 본 또 다른 구독자의 댓글

마음공부를 하면서 생겨나는 갈등과 고민을 안고 있는 저와 같은 분들이 주변에 많이 있다는 것에서 큰 위안을 얻었습니다.

나만 그런 게 아니구나 하는 연대감이 주는 위안 같아요.

유튜브에 보면 별별 영성 관련 영상들이 많은데 이 중에는 왜곡된 가르침들도 있어서 혼란을 주기도 합니다.

'현실은 꿈이다'라는 말을 오해하고 잘못 해석하고

현실은 나가 만들어 낸 꿈이고 환상이므로 나의 의지에 의해 원하는 대로 현실을 조종하고 창조할 수 있다고 꼬드기는 시크릿류의 가르침들입니다.

에고와 참나를 분리하는 주장은 극단적 관념론으로서

저도 한때 이런 생각에 빠져들다 보니 너무도 큰 외로움과 공포감이 밀려왔습니다.

이 세상에 참나밖에 없고 나머지 모든 것이 실존하지 않는 환상이라니,

불교에서도 "세상은 꿈이다."라고 말하고 있으니

진짜 그런 것이 아닐까 하고 깊은 혼돈에 빠지기도 했습니다.

그리하여 알고 있는 스님에게 도움을 청하게 되었고 감사하게도 다음과 같은 답변을 주셨습니다.

"깨닫고 보면 일체가 꿈이면서 꿈이 아니고 허상이지만 허상이 아님을 알아차리게 되어 삶에 균형이 잡히게 됩니다."

이 답변이 정말 저를 살렸습니다. 너무나도 감사한 응답이셨습니다.

이 답변 내용이 누군가에게도 도움이 될 듯해서 공유해 봅니다.

두 젊은이와 같은 많은 사람이 명상을 공부하면서
혼란스러워하고 있다.
건강한 자아를 기를 것인지, 에고를 없애 버릴 것인지의 문제와
에고와 참나의 통합은 어떻게 하는가?
에고를 무시하거나 없애 버리거나 외면하거나 하는 명상적 접근은
불교와 힌두교의 참나(무아)와 에고에 대한
많은 논리적 설명에 원인이 있다.

한국인들은 참나를 양심이라고 하고 에고를 이기심이라고 하며
양심과 이기심은 한 마음의 이원성이다.
한국인들은 명상이라고 하지 않고 닦음이라고 한다.
처음의 순수한 에고는 아무 문제가 없다.
살면서 에고에 붙는 자기중심적인 에고, 이기적인 에고의
오염된 관념만 닦아 버리면 다시 원래의 순수한 에고로 된다.

한국인들은 에고의 특성을 이기적이라고 보고

에고를 이기심이라고 부르며

이기적인 관념만 닦아 버리는 몸(행동)과 마음 닦기를 한다.

수도, 수신, 수심, 수행, 수련.

✦ 미국과 유럽의 영성 지도자들의 가르침

한국의 많은 젊은이들이

미국과 유럽의 영성 지도자들이 쓴 책을 읽으며

명상을 공부하고 있다.

1979년 미국의 정신과 의사 '존 카밧진'이

불교 심리학을 공부하고 쓴 책《존 카밧진의 처음 만나는 마음챙김 명상》은

미국과 유럽에서 400만 부나 팔리며 선풍적인 명상 바람을 일으켰다.

미국의 저명한 교수들과 심리학자들이

'마음챙김' 관련 연구 논문들을 발표하고

'마음챙김(MBSR)' 명상 프로그램을 종합병원들에서

스트레스 환자들에게 의료보험이 적용되는 처방을 하고 있다.

존 카밧진은 대학생 시절 한국의 숭산 스님에게서

참선 공부를 하고

동남아시아의 위파사나 명상과 티베트 불교까지 두루 공부했다.

그리고 그의 명상 프로그램 '마음챙김'은 '위파사나' 수행 방법을

많이 적용하고 있음을 알 수 있다.

미국의 젊은이들이 1970년대 베트남 전쟁이 한창일 때

서구적인 정신문화에 한계를 느끼고
"새로운 사상을 공부해 보자."라는 취지의 '뉴에이지' 운동을 전개하며
동양 사상을 공부하는 열풍이 일어났고,
학교에서도 공부하며 미국과 유럽의 정신문화에
새로운 바람을 일으키게 되었다.

현재 미국과 유럽에서
불교와 힌두교 관련 명상들을 많이 하고 있는 중이다.
미국에서 활동하고 있는 유명한 영성 지도자들의 가르침을 보면
'존 카밧진'이 그러했듯이 대부분 불교의 위파사나와 같은 스킬을
많이 활용하고 있음을 알 수 있다. 그러나
인도인들의 아라한이 되기 위한 진지한 신앙심과
깨달음, 계율 지키기, 치열한 마음 수련 등은 없다.
서양인들은 장황한 종교적 철학이나 깨달음이나 인생 구원 등
권위적이고 복잡한 종교는 다 필요 없고
"어떻게 하든 지금 나를 괴롭히고 있는 스트레스만 없애 다오."이다.

그리하여 인도 심리학(불교, 힌두교)에서 하듯이
마음을 에고와 참나(무아)로 나누고 스트레스의 원인인 에고를
무시하고 회피하는 인스턴트식 명상 스킬만 가르치고 있다.
인도에서 명상의 시작에 불과한 요가를
명상의 전체처럼 착각하는 경향도 있다.

그러나 잠시만 살펴봐도 에고(생존본능)가
스트레스만 일으키고 있지는 않음을 알 수 있다.
몸을 중심으로 생존을 담당하는 주역이고
희망과 행복의 만족감을 추구하고 누리는 인생의 주체이기도 하다.
에고가 아니면 21세기의 경제, 정치, 과학 문명은
누가(참나) 건설하고 누릴 것인가?

치열한 사회생활과 인간관계에서
에고의 역할을 없애 버릴 수 있을까?
천년만년 세속적인 인류 역사의 주역은 에고가 앞장서 왔었다.
영성본능과 생존본능은 인생의 이원성이다.
두 성질이 함께 있어서 인생이 다이내믹한 변화가 있고
조화롭고 더 온전하다.

드라마와 영화와 소설에서
에고가 없는 참나로만 살아가는 캐릭터들만 등장한다면
아무 갈등도 없는 스토리는 어떻게 전개될까? 흥미는 있을까?
아무 변화 없는 권태로운 인생은 참을 수 없는 고통이기도 하다.

참나와 에고는 분리되지도 않고 어느 하나만 버릴 수도 없다.
에고와 참나를 함께 인생의 시스템으로 이해하고 인정하며
행복한 인생길을 찾아야 한다.
참나와 에고 둘 다 이해하고 인정하며

나 하고 싶은 대로 자유롭게 살기가 '달관 명상'이다.

지금 미국과 유럽인들의 정신 사상은 과학적 자연주의이다.

과학은 종교를 싫어한다. 종교가 과학적이지 않으므로.

현대인들이 겪고 있는 마음의 고통인 스트레스를

정신분석학이나 상담심리학으로 치유하기에 한계가 있으니까

정신과 의사들이 인도의 종교적인 명상 시스템에서

일부분만 똑 잘라서 마음의 아픔을 치유하는

스킬로 활용하려고 한다.

인도인들이 온 인생을 다 바치며 신앙하고 계(규칙)를 지키고

명상을 하면서도 다 이루지 못하는 에고 지우고 참나로 살기를

서구인들은 인스턴트식품처럼 간편하게 가공해서 먹으며

큰 효과를 보려고 기대한다.

그들이 상담심리학의 한계를 느끼듯이 인스턴트식 명상을 통해서는

인생이 결코 바뀌지 않을 것임을 알아야 한다.

에고가 앞장서서 인생을 살아가고 있으면서

에고를 잠깐잠깐 관찰하며 내려놓기를 한다고

에고가 줄어들 수 있겠는가 생각해 봐야 하다.

에고는 생존본능이다.

생존이 위협받을 때 저항을 하는 생명체의식의 시스템은 당연하다.

에고는 개별성이고 영성은 전체성이다.

개별성과 전체성은 세상 모든 존재의 본질이고 이원성 시스템이다.

인생을 바꾸려고 애쓰지 말고
인생을 이해하려고 노력하라.
이기심(에고)과 양심(참나)을 모두 이해하고 인정하며
함께 잘 살아가자 하는 새로운 K-명상이 필요하다.

2

마음의 이원성, 에고와 참나의 이해

• • •

참나와 에고는 한 마음의 2원성이다.

참나와 에고는 원래 통합되어 있는 마음의 시스템이다.

결코 분리되지 않는다.

세상의 모든 현상은 2원성 개념으로 표현된다.

2원성은 동시성이고 상보적 관계이다.

세상 전체가 이원성이므로 조화로울 수 있다.

에고를 버려야 할지, 과연 버릴 수 있는 것인지 알기 위해서는

먼저 2원성을 잘 이해해야 한다.

2원성이란 하나가 가진 2가지 성질을 말한다.

인생에서 에고의 역할이 없고 참나만 있다면

인생 드라마는 어떻게 전개될까?

에고 중심의 인생을 세속적이라고 한다.

인생은 언제나 세속적으로 살면서 성스러움을 지향하는 시스템이다.

하나의 생명의식(마음)이 가진 다양한 성질과 작용에 따라

수많은 이름을 붙이며 마음의 특성을 표현한다.

마음, 정신, 의식, 인식, 판단, 생각, 참나, 무아, 에고, 스트레스, 사랑, 미

움, 이성, 감성, 느낌, 지능, 영감, 기억력, 무의식, 잠재의식, 꿈, 영성, 불성, 성령, 지혜, 고정관념, 주관, 객관 등등.

모두 한 마음의 여러 작용과 특성들을 나타내는 언표들이지,

마음이 분리된 채 2개, 3개, 10개, 따로따로 있다는 말은 결코 아니다.

모든 생명체의 생명체의식은

생존본능(에고, 이기심)과 영성본능(양심, 참나, 무아)

2개의 본질적인 성질을 가지고 있다.

전체 생태계 시스템의 필연적(천명)인 것이라

결코 분리되지 않는다.

에고가 인생 고통의 원인이니 에고를 버리자는 가르침은

원천적으로 불가능한 일을 말하는 것이고

바람직한 가르침도 아니다.

에고가 인생의 고통을 일으키는 원인이지만

또한 행복과 기쁨, 희망, 의욕 등을 일으키는

인생의 주역이기도 하므로.

✦ 의식(정신, 마음)의 이원성 전체성과 개별성

전체성		개별성	
생명의식	전체성, 생명(자연)의 법칙, 보편성	생명체의식	개별성, 다름, 생명현상
영성본능	양심, 공정함	생존본능	이기심, 사사로움, 자기중심, 에고
대아, 상위 자아	전체성, 보편성	소아, 하위 자아	개체성, 편협하고 왜소함, 아집
정보, 에너지	우주 자연의 무한한 정보와 에너지	알 수 있음(지혜) 할 수 있음(자유)	무엇이든 알 수 있고 할 수 있음
공동체 지향	함께, 보편성, 공명, 양심	자기중심적 개인주의 지향	따로, 개별성, 몸 중심, 이기심
우주의식	우주 자연의 전체 정보, 온라인, 내비게이션	개체의식	몸 중심, 편협하게 인식, 온라인에 접속한 캐릭터
참나, 무아, 성인	불성, 성령, 객관적 주시자, 지공무사	에고, 아집, 세속적	주관적, 이기적, 자기중심적 개인

생명체의 기본적인 최우선 과제는 생존이다.

생존하지 않으면 하나의 개인에게 우주 자연 전체도 소용없고

모든 게 종말인 죽음이다.

인류의 천년만년 역사는 생존본능을 앞세우며 살아온 역사이다.

몸을 중심으로 하는 생존 본능적 역량을

우선적으로 발휘하도록 생명체는 DNA에 설계되어 있다.

몸의 컨트롤 타워인 뇌에는 조그만 편도체 '아미그달라'가 있어서
생존의 위험이 감지되면 온몸에 경보를 울리며 호르몬을 분비하고
부교감신경의 평화로운 몸 상태에서 비상체제인 교감신경체제로
전환하며 온몸으로 싸울 준비를 하게 한다.
의식적으로 하지 않아도 자율신경이 자동적으로 작동 하도록
시스템화가 되어 있다.
보이지도 않는 알 수 없는 바이러스가 생존을 위협하려 하면
감각으로 인식하지 못해도 온몸의 면역체계가 나서서 방어하며
생존을 지켜 준다.
생존 시스템은 참나일까 에고일까?

✦ 에고와 참나(관찰자)의 통합

한국인들은
참나와 에고 대신 양심과 이기심으로 표현하고
한 마음의 두 가지 성향으로 이해하며 살아가고 있다.
이기심을 닦고 양심을 차리며 살려고 늘 성찰하며 노력한다.
한국에서는 이미 오래전부터
양심과 이기심, 두 마음을 분리하지 않고
함께 일상생활을 하고 있다.
다툼이 일어났을 때
양심으로 다시 생각해 보자고 상대에게 말한다.
한국에서 양심성찰은 명상적인 과제나 스킬이 아니고
그냥 누구나 일상생활에 배어 있는 평상심이다.

한국에서는 명상이라고 하지 않고 닦는다고 한다.

수심, 수도, 수행, 수련 등 몸과 마음을 닦고 도(세계관)를 닦는다.

온전한 마음인 양심에 잠시 때가 묻어 있으니

때만 닦아 버리고 다시 원래의 온전함으로 되돌아가자고 하는

닦음은 깨끗한 처음으로 돌아감을 말한다.

늘 처음처럼 다시 시작하기이다.

남만 바라보는 눈빛을 돌려 나를 보라는 자기성찰이 있다.

나를 누가 보는가. 나를 바라보는 또 다른 나.

한국에서는 양심성찰이라고 한다.

양심과 이기심, 두 마음으로 살아가는 인생 전체를

이해하고 인정하며 살아감이 참나와 에고의 통합이다.

3

● ● ●

명상의 정석,
달관

✦ 이원성의 중도와 상보성 이해하기

이원성은 삼라만상 전체가

온전하게 조화롭게 연결되고 융합되기 위한

우주 자연의 본질적인 구조이다.

불교 심리학: 고타마 싯다르타가 이원성의 양단을 모두 버리고

무아의 중도를 깨달음.

K-달관 사상: 이원성의 전체를 모두 이해하고 인정하는

전체의식이 중도이다.

참나와 에고의 인생을 총체적으로 바라보는 전체 달관자 되기.

한국인들은 누구나 양심과 이기심, 두 마음으로 살아간다.

영성은 깊은 곳에 숨어 있지 않고 바로 지금, 나 마음이다.

✦ 2원성들

▶ 태극: 음과 양, +전극과 -전극, S극과 N극, 여성(암)과 남성(수)

▶ 우주 자연: 전체성과 개별성

▶ 마음: 영성본능과 생존본능, 참나와 에고, 양심과 이기심

▶ 인식(앎): 정보(존재)와 정보를 알 수 있음

- ▶ 세상: 시간과 공간, 에너지와 정보
- ▶ 감정 느낌: 행복과 불행, 천국과 지옥, 선과 악, 사랑과 미움
- ▶ 자유 부자유, 자유와 평등, 정의와 불의
- ▶ 유신론 유물론, 물질과 정신, 육체와 마음
- ▶ 색과 공, 유상함과 무상함, 변함없이 변함.

✦ 달관적 인생

세상 전체를 당연함으로 이해하고 인정하면
유유자적 느긋하고 너그러워진다.
이원성 전체를 이해하고 인정하면
어느 하나만 쫓아가거나 피하기 위해 긴장하거나
가볍게 촐싹거리지 않게 된다.
슬픔과 기쁨, 행복과 불행이 함께하며 이원성의 세상과 인생이
더 조화롭고 온전함을 이해한다.
이해함이 깨달음이고 인정하며 사는 삶이 깨어서 사는 삶이다.

✦ 명상의 완성

깨달음과 깨어서 살기.
명상의 본질은 개별성의 전체성 지향이다.
고로 명상은 의식 확장을 지향한다.
왜소한 에고의 호연지기(우주의식) 기르기가 필요하다.

우주의 눈, 내비게이션으로 세상을 본다. 인생을 본다.
나의 몸무게는 59kg이고 지구는 59억 톤이다.

천억 광년이 넘는 우주에서 지구별은 너무나 왜소하다.
에고는 왜소한 몸과 생각으로 무한한 자연 속에서
자기 정체를 유지하고 생존 경쟁을 하느라
외롭고 불안하고 스트레스를 주고받는다.
참나(대아)가 왜소한 소아(에고)를 이해하고 인정하며
따뜻하게 품어야 한다.

잠시 에고 멈추기 명상으로 인생의 문제들을 해결하지 못한다.

언제나 나 앞에 우뚝 서 있는 세상 전체와
이미 완성된 인생 시스템에서
나 앞에 다가오는 세상의 상황들을
온전한 시스템으로 이해함이 깨달음이다.
인정하며 사는 삶이 깨어서 사는 삶이다.
그리고 나 하고 싶은 대로 마음껏 선택하며 사는 삶이
인생의 자유이다.
이해하고 인정하며 자유롭게 사는 삶이 명상의 완성이고 정석이다.
이-인-자 생활 명상이 그대 인생을 구원하리라.

나 앞에 있는 세상의 부분도 이해하고
연결된 더 넓은 세상도 이해하고
전체의 눈, 달관의 의식으로 사는 삶이
인생의 완성이고 명상의 정석이다.

4

마음공부(명상)는 부분적이다, 인생 공부가 전체적이다

. . .

명상은 마음을 공부함이다.

마음은 학교에서 심리학, 정신분석학으로

마음공부를 해서 마음을 바꾸고 또 바꾸어도

세상과 인생 시스템은 변하지 않는다.

이미 완성된 시스템을 이해하고 인정하며 사는 삶이

'인생의 정석'일 수밖에 없음이다.

오해하며 저항하며 부딪히며 사는 삶이 정석일 수는 없지 않은가?

마음만 공부하지 말고 인생을 공부해야 한다.

지구촌 신인류에게

행복을 공부하는 인생학교가 꼭 필요하다.

21세기 신인류는

제2차 정신 혁명과 정신적인 세계화를 맞이하고 있다.

초연결, 초융합의 문명을 건설하고 있다.

초연결, 초융합의 문화에서는

생존본능보다 영성본능을 차리며 사는 삶이

더 잘 어울리고 유리해진다.

구인류는 주로 생존본능을 차리며 살았고

신인류는 주로 영성본능을 차리며
물질적, 정신적으로 세계화된 세상에서 살아갈 것이다.
그리고 신인류는
다 함께 행복한 세상을 꿈꾸며 가상세계에
파라다이스를 건설할 것이다.
그리고 또
오프라인에서 파라다이스를 실현할 정치인을
온라인에서 검색하며 선택하게 될 것이다.

세상과 인생은 이미 완성된 시스템이다.
세상과 인생을 이해하면 저항(스트레스)이 일어나지 않는다.
인정하면 자유로워진다.
이해하고 인정하고 자유롭게 나 하고 싶은 대로 선택하며 살기.
인생 현장에서 이-인-자 생활 명상은
마음공부가 아니고 인생 공부이다.

인생윤리학

...

달관 사상에서는

세상과 인생의 시스템에 대한 <u>객관적 사실</u>을 탐구함은

철학의 분야로

바람직한 이상적인 공동체의 유지를 위한

인간의 <u>주관적인 선택</u>에 대해 탐구함은

인생윤리학 분야로

나누어서 탐구하고 논설하기로 한다.

사실의 문제와 선택의 문제를 혼동함으로써 일어나는

혼돈을 방지하기 위해서이다.

1

윤리란 무엇인가?
인생에서 윤리는 왜 필요할까?

• • •

윤리는 인간들이 주체가 되어 인간들의 선택에 의해
개인과 공동체의 행복 추구권이 보장되고
이상적인 질서 유지와 공동체 시스템의 유지가 방해받지 않도록
규칙을 정하고 실천하는 노력이다.

사람들은 다 다르다.
다양한 사람들이 모인 공동체에서 규칙이 없다면 질서가 없다면
공동체의 일정한 정체성(시스템)이 유지되기 어려울 것이다.
바람직한 인생이란 인간과 공동체의 선택에 의해 행복한 인생이다.
결국 지속 가능한 행복한 인생을 위해
윤리적 질서와 실천이 필요하다.
윤리적이지 않은 사람은 남에게 피해를 주게 되고
공동체에서 비난을 받게 되고
결국 자신의 행복도 지키지 못하게 된다.

공동체적 합의이고 교육을 통해 주입되며
회사의 규칙, 학교의 교칙처럼 공동체별로 처벌 규정도 있다.

왜 필요할까?

생존본능과 영성본능은 타고난 본능의 이원성이다.

인간은 윤리적인 본성과 비윤리적인 본성을 함께 지니고 있기에

그리고 사람들은 모두 다르므로

마주하는 상황에서 윤리적인 갈등이 일어나게 하는

심리적이고 사회적(다른 사람의 심리)인 구조를 가지고 있다.

종교와 교육을 통해서 아무리 윤리를 강조하고 교육을 하고

국가가 법률을 정해서 처벌을 해도

변함없이 선과 악은 대립 중이고 인간 사회는 여전히 세속적이다.

변하지 않는 본능적인 시스템에 의해 그러하다.

얼마든지 선할 수 있고 얼마든지 악할 수도 있는

인간의 본성에 의해 사회는 얼마든지 혼란스러울 수 있다.

그러므로 도덕성은 바람직한 인생을 위해 꼭 필요한

마음의 윤리적 태도이다.

바람직한 인간관계와 공동체의 질서 유지를 위해서

윤리적 실천이 필요하다.

이상적인 바람직함이란 인간의 선택 사항이다.

선과 악, 공정함과 불공정, 사랑과 미움의 이원성 사실 중에서

인간의 윤리는 대체로 선, 공정함, 사랑을 선택한다.

윤리와 비교해서 국가법은

국민 전체가 지켜야만 하는 강제적인 규제이다.

명상은 윤리보다 더 자율적이다.

공동체에서 저항하지 않고 평온한 마음을 유지하기 위하여

마음의 아픔을 치유하기 위하여

스스로 깨어서 마음을 성찰한다.

✦ 윤리, 도덕에 대한 일반적 개념들(사전적 의미)

사람으로서 마땅히 지켜야 할 도리, 바람직한 행동 기준.

사람이 사회생활을 하면서 마땅히 행해야 할 도리.

도리는 선과 악 중에서 선이다. 사랑과 미움 중에서 사랑이다.

공정함과 불공정함 중에서 공정함이다.

이는 공동체에서 대다수 인간의 선택이고 합의되는 동의이다.

도덕규범은 언제나 명령형으로 나타난다.

본능을 거스르는 명령이 유효하려면 본능적 경향성을 제압하고

당위적 명령을 지킬 수 있는 힘, 도덕성이 필요하다.

도덕성은 윤리적 이론과 덕목의 주입식 교육보다

스스로 하는 명상을 통해서 더 잘 길러질 수 있다.

윤리학은 도덕의 본질, 기원, 발달, 선악의 기준 및

인간 생활과의 관계를 학문적으로 다룬다.

인간이 지켜야 할 도리 또는 바람직한 행동 기준들에 대한

이론을 생산하고 가르친다.

다양한 이론들 중에서 대중들의 동의와 국가의 선택에 의해
사회적 통념이 되고 권위를 누리게도 된다.

동물의 세계는 약육강식의 먹이사슬이 당연시되는
자연 생태계 시스템이다.
인간 사회는 약자도 보호하고 배려하며 다 함께 잘 살자고 하는
인간의 선택적 윤리 시스템이다.
자유와 평등은
이상적인 가치이지만 서로 충돌하며 함께 달성하기가 어렵다.
지혜롭게 풀어 가야 할 공동체의 과제이다.

인간은 모두 다르다. 생존경쟁에서 힘과 능력도 다르다.
각기 다른 다양한 인간들이 공동체에서
서로 부딪히며 필연적으로 도덕적인 문제가 발생하는데,
윤리의 근거에는 3가지 특성이 있다.

본성으로 타고 나오는 선천성이 있다: 양심과 이기심, 영성본능과 생존
본능. 선과 악, 사랑과 미움, 폭력성, 탐욕의 정도가 DNA에 생겨 나온다.
윤리의 선천성.
환경에 따라 다르게 형성된다: 시대와 지역적, 문화적 환경에 따른 필요
에 의해 습속이 생기기도 하고 또 변하기도 한다. 윤리의 수동성.
(다수의)선택에 의해 이상적인 윤리적 시스템이 정립된다: 국가 법률, 회
사 규칙, 학교 규칙, 직업윤리, 가훈, 여성과 남성의 관계 등, 윤리의 능동성.

그리스어의 'Ethos', 라틴어의 'Mores', 독일어의 'Sitte' 등이 모두
'습속'이라는 뜻인 것처럼, 서양인들은
자연환경의 특성에 순응하며 생활해 온
공동체의 살아온 방식과 습속에서 성립된다고 보는
수동적 윤리관이다.

가족과 혈연의 공존을 위해 또 이웃과 마을의 공존을 위해
공동체의 질서나 규범을 정하고
그것을 엄격하게 지켜 나간 데서 도덕은 생긴 것이다.
공동체가 국가 단위로 확대되면서 도덕은
국가의 통치법의 형태로 확장되었다고 할 수 있다.

명상(자기성찰)–윤리(공동체별 규칙과 처벌)–국가 통치법(국민 전체에 대한 강제 명
령)의 단계가 있다.

계급사회의 성립과 함께 법과 도덕은
정치적 지배의 유력한 수단이 되기도 하지만
또한 법이 국가권력을 통제하기도 한다.

윤리적 규칙은 또 왜 필요할까?
다르기 때문이다.
윤리적 환경과 타고난 성향이 개인마다 다르다.
인생은 다름과 함께 살아야 하는 천명(시스템) 속에 태어난다.

나와 다름과 부딪히며 살 것인지, 어울리며 살 것인지
선택함이 윤리의 기본자세이다.

공동체는 개인의 자유를 존중하고 개인은 공동체에
피해를 주지 않도록 배려하고 자신의 책임을 다하도록 노력한다.
크고 작은 공동체는 모두
서로 부딪히지 않고 잘 어울리며 살기 위해
공동체 윤리를 설정하고 실천하려고 노력한다.
공동체가 설정한 윤리 규칙 앞에서
한 인간은 양심과 이기심, 두 마음을 가지고 서 있다.
다름을 이해하고 인정하며 양심적으로 함께 살지
다름을 틀리다고 싫어하고 저항하며 이기적으로 살지
선택하면 된다.

2

서양인들의 윤리에 대한 사유

• • •

서양철학이 복잡하고 장황하듯이
서양윤리학도 분석적이고 논리적이다.
심오하고 다양한 서양의 윤리적 사유가 담긴 수많은 논설 중에서
간결하게 잘 요약한 글을 소개한다.
서양인들은 윤리에 대해서
할 수 있는 사유를 다 시도해 보았다고 말할 수 있을 듯하다.

서양의 윤리학은 아리스토텔레스에 의하여 이론적으로 체계화되었으나,
이미 소크라테스(Socrates)와 플라톤(Platon)에 의하여
철학의 중요한 연구 과제로 정착되었다.
그리스인과 로마인의 윤리학의 근본 문제는 최고선을 밝히는 것이다.
최고선은 인간 행위의 궁극 목적이며, 최고선을 획득하는 것은
인간을 행복하게 만드는 것이다.

중세 서양에서는 신의 계명을 실천하는 것이 무엇보다 중시되었으나,
윤리학은 또한 최고선의 획득을 궁극적인 행위의 목표로 보았다.
이러한 고대와 중세기 윤리학의 성향은
행복주의(Eudaemonism) 또는 목적론(Teleology)이라고 불린다.

그러나 근세에 들어와서 독일의 칸트(Kant, I.)는
행위의 목적과 규정 근거를 구별하여
도덕적인 선이 본질적으로 행위의 목적이 아니라,
행위의 규정근거에 의거한다는 것을 발견하였다.
그는 최고선이나 궁극적인 행위 목적으로서의 윤리학을
엄밀한 의미의 도덕성의 학으로서의 윤리학과 구별하였다.
칸트는 종래의 행복주의적인 특징을 가진 목적론은
상대주의적인 결과를 가져올 수밖에 없다고 보고
보편타당한 도덕법 원리로서의 윤리학을 제창하였다.
이것은 법칙론 또는 의무론(Deontology)이라고 불린다.

근세 영국의 윤리학은 로크(Locke, J.), 벤담(Bentham, J.), 밀(Mill, J.), 시즈윅(Sidgwick, H.) 등이 경험론에 입각하여 효용성과 '최대다수의 최대행복'을 주창하며 공리주의(utilitarianism)를 내세웠고, 미국의 제임스(James, W.), 듀이(Dewey, J.) 등은 실용주의(Pragmatism)를 내세웠다. 그들은 선이란 효용성과 쾌락의 만족도와 비례한다고 보았다.

프랑스에서 반그리스도교적인 입장에서 유물론적인 실증주의가 꽁뜨(Comte, A.)에 의하여 제기되면서부터 근세의 서양윤리학은 극심한 상대주의에 빠지기도 했다.

이 상대주의의 도덕관념 생성 및 변천 과정을 역사적으로 추구하는 웨스터마크(Westermarck, E.)처럼 도덕규범이 문화와 민족과 사회체제에 따라

다르며 보편적이고 유일한 절대적인 것일 수 없다고 주장하는 자들과 레비 브릴(Lévy Bruhl, L.), 말리노프스키(Malinowski, B. K.) 등 문화인류학자처럼 도덕 현상을 일종의 사회현상으로 보려는 자들과 쾰러(Köhler, W.)처럼 도덕을 개인의 심리적 측면에서 파악하는 심리학적 연구들에 의하여 이른바 기술적(記述的) 윤리학(Descriptive Ethics)이 성립되었다.

이것은 나중에 루소(Rousseau, J. J.)의 사회계약론에 영향을 끼쳤다. 또 루소의 사회계약론은 마르크스주의 윤리관의 이론적 토대를 마련하여 주었다. 마르크스주의에 의하면 윤리관은 어떤 특정한 생산관계의 상부적 반영에 불과한 것이 된다.

서양의 현대윤리학은
근세의 전통적인 윤리학을 이어받은 형식주의 윤리이론, 공리주의 이론, 자연주의 윤리이론 외에 중요한 흐름으로는 영미(英美)의 분석윤리학(Meta Ethics), 전통적인 윤리학을 새롭게 해석해 보려는 규범윤리학(Normative Ethics), 실존주의 및 현상학적 윤리학 등이 있다.

그러나 이러한 연구가 이론적인 면에 치우치는 것에 대하여서, 실천적인 면에 주안점을 두고 20세기 후반기에 활발히 논의되는 것으로 응용윤리학이 있다.

이 응용윤리학은 환경윤리학 또는 생태학적 윤리학(Environmental Ethics 또는 Ecological Ethics), 의료윤리학 또는 생의학적 윤리학(Biomedical Ethics),

생명윤리학(Bioethics), 사회윤리학(Social Ethics), 경제 및 기업윤리학, 법윤리학, 과학 및 기술윤리학, 정보통신윤리학, 평화윤리학, 직업윤리학, 정치윤리학, 여성윤리학 등을 포함하고 있다.

분석윤리학(메타윤리학)은 언어의 논리적 분석을 철학의 방법으로 채용하고 있는 분석철학의 영향을 받은 것으로 상대주의에 빠져 있으며, 심지어 윤리학적 회의주의(Ethical Scepticism)를 가져오기도 하였다.
여기에는 무어(Moore, T.), 러셀(Russel, B.), 초기 비트겐슈타인(Wittgenstein, L.) 등을 대표로 하는 케임브리지학파, 슐리크(Schlick, M.) 등 신논리실증주의를 논거로 삼는 빈학파, 툴민(Toulmin, S.) 등 일상언어학파(philosophy of ordinal language), 스티븐슨(Stevenson), 헤어(Hare, J. C.) 등의 정의론(情意論, Emotivism) 등이 포괄된다.

최근에 들어와서는 영미철학자들 중에서도 매키(Mackie, J.) 등은 언어분석적 윤리학의 한계를 비판하고 새롭게 규범윤리학 연구에 관심을 기울이는가 하면, 계약론 내지 자연주의 및 진화론에 의거하여 윤리이론을 펼치기도 한다.
규범윤리학은 기술적(記述的) 윤리학의 연구 성과들을 고려하면서 대체로 19세기 이전의 전통적 윤리학을 새롭게 해석하거나 도덕적 합리성의 도출과 합의 절차 등을 문제 삼는다.

실존주의적 윤리학은 윤리의 기초를 형이상학에 두는 것을 거부하고 보편타당성을 부인하는 점에 있어서는 분석철학자들과 동조하나, 분석철학자들의 형식적인 언어분석에는 대단한 반감을 가지고 있다.

실존주의적 윤리학자들도 키에르케고르(Kierkegaard, S. A.), 부버(Buber, M.), 사르트르(Sartre, J. P.) 간에는 견해의 차이가 심하나, 대체로 개인의 실존적 결단을 중시한다는 점에서 공통점을 가지고 있고, 새로운 차원, 즉 만남·참여·고민·죽음·불안·공허·자유가 가지고 있는 깊은 뜻을 잘 해명하여 주고 있다.

그러나 실존주의는 어떤 일정한 결론을 내리는 것보다는 개인이 당면하고 있는 특수한 상황에 대하여 관심을 가지고 개인을 규범을 말하는 구경꾼으로 보지 않고 참여자로 보며, 규범을 위압적인 보편성으로 보지 않고 특수한 상황과 관련하여 실질적인 윤리적 판단(결단)을 내리는 데 관심을 가진다.

현상학적 윤리학은 셸러(Scheler, M.), 하르트만(Hartmann, N.), 헤센(Hessen, J.) 등이 후설(Husserl, E.)의 현상학적 방법론을 받아들여 실질적 가치론을 전개한 것이다.

셸러에 의하면, 인간은 본질직관(本質直觀)에 의하여 도덕적 가치의 실질적 내용을 이해할 수 있다. 인간은 가치를 정서적 직관에 의하여, 즉 감정 내지 순수한 정서의 지향적 활동에 의하여 파악하지만, 그 가치는 한갓된 감정의 주관적 상태와는 완전히 다른 객관적 실재들이다.

예컨대 사랑은 순수한 정서의 지향적 활동인데, 사랑은 윤리적 통찰을 이끌어 내는 중요한 수단일 뿐만 아니라 인격가치의 핵심이 되고, 자아와 다른 사람에 대한 사랑은 가치 중의 가치이며, 모든 가치의 원천인 하느님에 대한 사랑의 모형이다.

따라서 모든 가치는 신, 즉 최고선으로 수렴된다. 셸러의 인격주의 윤리학은 맹자(孟子)의 사단(四端)과 내용적인 면에서 일치되는 점이 많다.

환경윤리학 내지 생태윤리학은 지구의 종말을 위협하는 자연파괴와 생태학적 위기가 바로 인간의 위기이며 인간의 불찰에 의하여 저질러졌음을 철저하게 반성하고 비판하며, 현재와 미래의 환경에 대한 인간의 책임을 연구한다.

생의학적 윤리학은 의학기술의 발전과 더불어 파생하는 문제들, 예컨대 임신중절, 뇌사판정, 장기이식, 안락사, 유전자조작과 재조합, 인조염색체합성, 생식과 관련된 신기술 등의 문제들을 인간의 존엄성을 유지하기 위한 차원에서 연구한다.

사회윤리학은 인간의 사회성 및 사회존재론에 의거하여 사회해체 현상을 비판하고 건전한 사회와 인간의 평화를 유지할 수 있는 공생(共生)의 조건을 연구한다.

종래의 서양윤리학이 개인적이며 이론적인 면에 치우쳐 있었다면, 현대 서양윤리학의 괄목할 만한 중요한 특징은 실천적 윤리학(Practical Ethics) 내지 응용윤리학의 대두라고 말할 수 있다.

1990년대의 윤리학의 새로운 동향은 이론적인 규범윤리학에서는 담론적 방법을 중시하는 구성주의적 윤리학(Schwemmer, O.), 언어화용론적 윤리학(Apel, K. O.) 및 의사소통윤리학(Habermas, J.)이 활발히 논의되고, 발생윤리학(Krings, H.), 계약론적 윤리학(Rawls, J.), 합의에 의한 도덕론(Gauthier, D.)이 여전히 논의되고 있고, 메타윤리학은 쇠퇴하여 거의 논의되지 않고 있다.

최근의 이론윤리학의 연구 동향에서 특기할 것은 권리와 의무에 중점을 두는 논의보다 책임에 중점을 두는 논의가 활발하다는 것과 타자(他者)를 중시하는 현상학적 윤리학(Levinas, E.)이 각광을 받고 있다는 것이다.

실천적인 응용윤리학에서는 특히 생명공학 및 유전공학 기술의 발달과 더불어 파생하는 생명윤리의 문제들, 가령 인간복제, 인간과 동물의 교잡배, 유전자조작식품의 부작용, 인간게놈 연구 등을 다루는 생명윤리학에 관한 연구가 학계뿐만 아니라 정부 차원에서도 주목을 받고 있다.

또한, 전자매체기술의 발달에 의해 파생되는 사이버테러, 사이버 명예훼손과 사생활 보호 등은 크게 주목을 받고 있으며, 생태학적 윤리학과 과학 및 기술윤리학에 관한 논의도 자연 및 인간의 위기문제를 폭넓고 심도 있게 다룸으로써 윤리학의 관심을 그 어느 때보다도 고조시키고 있다.

한국의 서양윤리학 도입은 1924년 경성제국대학 윤리학과의 성립과, 1938년 김두헌(金斗憲)의 『윤리학개론』 출판이 시작이지만, 한국윤리학의 역사와 전통은 유·불·선의 사상사와 궤를 같이하고 있다.

한국인의 전통적인 윤리사상은 근본적으로 유교와 불교·도교의 경전(經典)에 뿌리박고 있으며, 서양 윤리학의 이론보다는 그리스도교의 교세 확장에 따르는 그리스도교적 윤리의 영향을 더 많이 받고 있다고 말할 수 있다.

서양윤리학사상과 전통적인 한국윤리사상의 창조적 융합과 조화가 세계화 국면에서 앞으로 한국윤리학계의 연구 과제라고 하겠다. 특히 동양윤리사상의 현대적 재해석은 매우 긴요한 것이며, 동양의 전통적인 자연보호사상과 자연에 대한 외경사상(畏敬思想) 및 생명존중사상은 현대서양의 환경윤리 및 생의학적 윤리학의 방향점검에도 큰 반향을 미치고 있다.

출처: 한국 민족문화 대백과사전

이 글의 집필자는 진교훈이다.

서양은 철학이 복잡하니까 윤리학도 복잡하고 어렵다.
분석적이고 논리적인 서양인들의 윤리적 사유에서도
이데아, 신, 진리, 실체라고 하는 변하지 않는 최고의 선을 설정하고
이상적인 목적과 의무의 절대적인 기준을 세우려고 노력했다.
따라서 인생과 윤리의 직접 당사자인 개인이 처한 윤리적 현실에서
윤리를 선택하고 규칙을 정하는 인간의 주체성이
익명화 되고 무시당하는 경향이 있다.
인간이 주도적으로 선택하는 윤리가 아니고
신앙하고 따라야만 하는 필연적인 진리로 변질되어 버렸다.

3

동아시아인들의 윤리적 사유

• • •

동아시아에서는 철학이 간결하듯이 윤리학도 간결하다.

동아시아에서는 현실세계와 이상세계로 분리하지 않고

현실세계가 이미 완성된 이상세계 자체이다.

서양인들처럼 악이 하나도 없고 부조리가 하나도 없는 세상을

이상세계라고 생각하지 않는다.

윤리학자들이

성선설을 주장하기도 성악설을 주장하기도 했지만

유교의 맹자는

성선설을 주장하며 인간의 마음은 원래 선하다고 보았다.

동아시아의 윤리학자들도 서양의 윤리학자들처럼

선과 악이 왜 함께 있는지 치열하게 논쟁하였다.

선과 악, 공정함과 불공정함은 서로 반대되는 성질이지만

서로의 개념을 선명하게 성립하게 해 주는 역할을 서로 하고 있다.

이를 일러 노자는 '상반상성'이라고 했다.

앞이 있으니 뒤가 있고 위가 있으니 아래가 있다.

선이 있으니 악이라는 개념이 성립되고,

사랑이 있어서 미움이라는 개념이 성립되며

생명과 죽음 천국과 지옥 참나와 에고 등
서로 반대되는 개념이지만 서로의 개념을 더 선명하게
성립시켜 주며 함께 있다.

한국의 젊은이들은 스스로라는 정서가 있다.
주눅 들거나 움츠리지 않고 떳떳하고 당당하다.
세상의 모든 현상은 당연한 것이고 나의 모든 행위도
스스로 행하고 스스로 책임지는 당연한 당위이다.
사랑과 미움, 천국과 지옥, 행복과 불행 등
세상 전체가 이원성 구조로 세팅된 시스템이다.
시스템 안에 인간의 선택이 있다.
시스템을 이해하고 인정하기가 철학이고
나는 어떻게 할지 선택함이 윤리이다.
선택에는 책임이 따르고 책임은 윤리적 평가와 처벌로 규정한다.

제1차 정신 혁명 이래 2,500년 동안
한국의 전통 윤리사상은 유교, 불교, 도교 사상이 대세이다.
200년 전부터는 기독교가 유입되었고 근래에는 기독교의 신자 수가
가장 많고 가장 적극적인 신앙 활동을 하고 있다.
구인류의 종교의 시대에서 종교적인 가르침은
인생의 정석이 되고 윤리적인 강력한 권위를 가졌었다.

철학(사실)과 윤리(선택)를 혼동하는 혼돈이

서양과 인도보다는 덜하였지만
동아시아의 주자학에서도 철학과 윤리의 혼동에 의한
심각한 철학적 논란이 벌어지기도 했었다.

유교는 평화로운 인생과 공동체(가족, 국가)를 위하는
인생의 윤리와 군왕의 윤리적인 통치에 대해 가르쳤고
노자는 간결한 《도덕경》을 통해 주로 세계관을 말하면서
이미 완성된 자연의 시스템을 따름이 인생의 순리라고 가르쳤다.
이미 완성된 자연의 시스템에 무궁한 선택의 스펙트럼이 있고
인간은 선택의 주체성과 자유가 얼마든지 있는데
노자의 윤리는 인간의 주체성을 자제시키고
자연의 질서에 귀속시켜 버리는 아쉬움이 있다 할 것이다.

종교라는 말뜻은 '으뜸(최고) 되는 가르침'이다.
종교는 처음에 철학과 윤리 사상에 대한 많은 사람의
공감과 선택에 의해 형성되지만
거대해지고 종교적인 시스템이 되고, 그 종교의 신자가 되고 보면
가르침이 명령으로 변질되고 복종해야만 하는 권위를 갖게 된다.
국가권력의 집행부인 관료들이 관료주의에 물들며 부패하듯이
종교 권력의 성직자들도 부패하며 악의 씨앗은
종교에서도 어김없이 자라난다.
종교가 천국과 지옥이라는 당근과 채찍을 들이대며 겁박하여도
나중의 천국과 지옥보다 당장의 달콤함에 더 유혹을 받는다.

생존본능(이기심)과 영성본능(양심)의 이원성 시스템이
인간의 DNA이다.
인생이 얼마든지 선할 수도 있고 얼마든지 악할 수도 있음이
천명이다.

자연의 법칙에 의해 이미 완성된 시스템은
천명이다. 필연성이다.
천명에 저항하거나 왜곡하지 말고 그대로 이해하고 인정하며
그리고 나는 어떤 선택을 하며 살지 스스로 선택할 수 있는
나는 지혜롭고(알 수 있음) 자유로운(할 수 있음) 스스로이다.
세상의 모든 현상은 자연의 법칙을 따르므로 당연하다.
모든 현상은 반드시 이유(자연의 법칙)가 있다.
지금 이해가 안 되는 것은 나가 아직
그 이유를 모르고 있을 뿐이다.
모든 현상은 초융합하고 있으므로
총체적으로 보아야 사실을 볼 수 있다.

불교의 인생 윤리는
인생을 부정함이 선이고 인생을 긍정하고 의욕적이면 악이다.
인생은 고통의 바다라고 단정을 하고
고통에서 벗어남을 자유(해탈)라고 하고
인생을 열심히 살려고 함을 집착이라고 하며
인생에 집착하거나 머물려고 하는 욕심을 남김없이 버려야

열반에 들 수 있다고 가르친다.

고통스러운 인생에서 해탈하거나 열반에 들기 위해

지켜야 하는 덕목은

8정도 6바라밀(보시, 지계, 인욕, 정진, 선정, 반야)이고

3악도를 버리고 3대력을 기르는 것이다.

인생의 대표적인 3가지 악은 탐욕, 화냄, 어리석음이고

반대로 지향하는 3가지 선은 계(규칙), 정(한 생각도 없는 의식 자체), 혜(세상을 바르게 보기)이다.

불교가 에고와 참나를 모두 부정하는 무아사상과

윤회마저도 포기해야 하는 열반을 지향함은

인생의 고통을 피하기 위해

인생의 생존본능적 시스템을 철저하게 부정해 버리는 윤리사상이다.

불교의 금지 규칙(성욕 억제)을 잘 지킨다면 인류는 멸종하고 말 것이다.

인생은 생존본능과 영성본능이 함께하여서 더 조화로운데 말이다.

인간은 윤리학이 가르치는 대로 일상생활에서 실천하지 않는다.

기독교의 엄격한 윤리를 기독교 성직자들이 먼저 배반하며

온갖 비윤리적인 악행을 저질렀던 기독교 역사를 보면 알 수 있다.

학교에서 윤리 교육을 충분하게 받은

많은 정치적, 경제적 엘리트들이

이기적인 행동을 서슴지 않음을 보면 알 수 있다.

생활 현장에서 윤리적 이론보다 이미 형성된 윤리적 자세에 따라

판단하고 행동함을 알 수 있다.

윤리적 자세는

양심과 이기심 중 주로 어떤 마음을 차리(챙기)는가 이다.

양심 성찰을 하는 힘은 어린 학창 시절에 길러져서

윤리적인 태도로 자리 잡아야 한다.

윤리학은 공동체에서 인간의 행위를 강제로 규제하는

규칙을 제정하거나 개정할 때 이론적 근거를 제공한다.

세속적인 인생은 가짜이고 악이라는 낙인을 찍고 무시할 필요가 없다.

인생이 세속적이어서 인생이 늘 새롭고 조화롭기도 하다.

행복과 불행이, 천국과 지옥이, 선과 악이, 사랑과 미움이 함께 있어서

단조롭거나 권태롭지 않고 변화무상하고 조화롭다.

성스럽기만 한 세상은 세속적인 인간이 살아갈 수가 없다.

기독교와 불교에서 말하는 천국은

생존본능의 에고가 일생(100년)을 도저히 살아갈 수가 없는

권태로운 세상이다.

세속적인 일상생활에서 철학이 개똥철학이듯이

윤리학도 개똥윤리학이다.

인생의 현장인 일상생활에서 무엇이 가장 힘 있게

인간의 도덕적 선택을 하게 할까?

윤리적 지식이 아니다. 심지어 종교적인 신앙도 아니다.

이기적인 마음이다. 이기적인 마음을 반성하고 자제하는 힘은

이기심과 함께 있는 양심이다.

학교에서 윤리학적 지식과 덕목을 가르치는 도덕 교육은

실효성이 없음이 도덕 교사들의 연구와 경험

그리고 사회적 현실을 통해서 밝혀졌다.

윤리학이나 도덕적 덕목 교육보다

이기심과 양심의 선택과 결과에 대해 공부하고

양심을 기르는 자기성찰과 반복 수련을 하는 명상 공부가

더 실효성이 있을 것이다.

4

● ● ●

2024년 12월 3일, 한국의 계엄령

선진국이고 민주화된 한국에서

뜬금없이 어처구니없이 대통령이 주도한 계엄령이 일어났다.

그리고 3시간 만에 국회에 의해 해제되었다.

어처구니없는 해프닝이었다.

그러나 단순한 해프닝이 아닌 심각한 사태로 확대되고 있다.

많은 대중이 불법적인 계엄을 옹호하는 시위를 벌이고 있다.

군대를 동원해서 국가법 시스템을 무력화하려 했던

내란 행위인데도

법치국가에서 사법 시스템을 부정하는 주장들이 난무하며

보수당 진영과 진보당 진영으로 나뉘어 대립하고 있다.

도대체 왜 이런 상황이 일어나는 걸까?

여러 가지 이유가 있을 것이다.

그러나 가장 중요한 원인 하나를 말하라면

교육의 실패이다.

한국은 지금 교육 실패의 결과에 따라 엄청난 대가를 치르고 있다.

학교에서 지식과 기술 교육을 통해 산업 일군을 잘 길러 내서

경제를 발전시키고 선진국에까지 진입하였으나

경쟁하라. 경쟁해서 꼭 이기라고
부모와 사회와 학교가 서열을 만들고 경쟁을 부추기며
오직 자신의 성공만을 위해서 경쟁해서 이기려고만 하는
이기심만 가득 찬 엘리트로 양성되었다.

어린 학창 시절에 동무들과 놀이를 하며 동무 관계를 형성하지 못하고
오직 자신의 성공을 위해서 경쟁적으로 공부만 하며
경쟁 관계 속에서 이기적인 인간, 자기중심적인 인간으로 성장하게 하였다.

계엄의 핵심 주도자들은 대부분
서울대 법대 출신의 검사, 판사들, 육군사관학교 출신의 엘리트들이다.
이들이 법관이 되고 군대의 지휘관이 되고자 했던 열정은
오직 자신의 이기적인 목적인 높은 벼슬과 권력이었다.
국가와 국민을 위하는 사명감과 사랑의 마음이 아니었다.

지금 한국은
동무 관계 형성 대신에 경쟁 관계 형성에 열심이었던
교육의 실패에 의해 뼈아픈 대가를 치르고 있는 중이다.
한국은 OECD 국가 중 가장 불평등한 나라이고
자살률이 최상위이고 행복지수가 하위권인 나라이다.
누구도 예상치 못한 계엄사태를 겪으면서
그 원인이 교육의 실패에 있음을 깨닫게 되고 말로만 외치며
실행하지 못했던 교육혁신을 국가적으로 결단하는 계기가 된다면

그나마 다행이라고 할 것이다.

북유럽 나라들처럼 동무 관계를 형성하며

인생학교에서 인생 멘토인 담임교사와 함께 인생을 공부했다면

서로 신뢰하지 못하며 다투는 사회적 혼란은

일어나지 않았을 것이다.

과거의 군사 쿠테타와 독재에 대한 경험과

민주적 통치에 대한 열망에 의해

전시 상황이 아닌 때에 계엄령을 불법으로 규정해 놓은 헌법과

헌법 재판소의 법 시스템에 의해

계엄령 후 4개월 만에 대통령은 파면되었지만

사회적 혼란과 경제적 피해 등 그 대가는 혹독하였다.

인공지능이 내장된 로봇 기술이 빠르게 발전하고 있다.

학교에서 지식교육은 의미를 잃어가고 있다.

미래의 학교에서는

어린 아이들의 성장 단계에서 본성이 요구하는

동무들과 함께 즐거운 놀이를 하며 동무관계를 형성하는

동무관계 형성과 공동체 생활을 잘하기 위한 인성교육,

행복한 인생을 공부하는 인생수업,

몸과 마음의 건강을 위해 영성을 차리며 스트레스를 성찰하는 마음공부가

학교 교육의 중심이 되어야 할 것이다.

신인류의 윤리

• • •

1

2,500년 전에 성인들이 출현하며 성립된 종교와 정신 사상들이 근대를 지나며 스러지고 해체되고 있다

• • •

21세기 신인류의 문명은 구인류의 문명과 너무나 다르다.
혁신적인 새로운 문명에서 살고 있는 신인류에게
정신 사상과 윤리의 새로운 물결이 밀려오고 있다.

신인류(젊은이들)는 선언한다.
"나는 종교적이지 않다. 나는 영성적이다."
과거의 모든 종교와 사상이 영성을 가리키고 있었음을
이제 신인류는 깨달았다.
영성적인 전문가들이 말한다.
"이제 깨달음은 됐고, (영성에)깨어서 살기가 중요하다."

깨달음은 철학의 분야이고 깨어서 살기는 윤리(실천)의 분야이다.
구인류는 깨달음이 어려웠고 깨달으면
마음의 문제가 다 해결되는 줄 알았다.
신인류는 이미 깨달음(참나, 영성)에 다가가 있으므로
(영성에)깨어서 실행하며 살면 된다.

양심(영성)을 차리고(챙기고) 이기심(에고)을 성찰함이
깨어 있음이다.
양심은 마음의 전체성이고 이기심은 몸 중심의 개별성이다.
이기심은 본질적 본능이므로 없애거나 무시할 수 없다.
성찰하며 함께 살아야 한다.

이미 완성된 우주 자연과 인생 시스템에서
몸과 마음의 아픔이 일어남과 아픔을 치유하려는 노력이 모두
인생 시스템의 내용이고 과정이다.
시스템의 내용과 과정이 너무 단순하거나 획일적이라면
아무 변화도 일어나지 않고 새로움이 없으므로
일생을 살아가기에 너무 권태로워서 참을 수 없이 지루할 것이다.
완성된 시스템은 원융무애(초연결, 초융합 유기체)하다.
무궁하게 연결되고 융합되면서도
일정한 정체성(총체적, 전체성)을 유지한다.

1차 정신 혁명기의 2,500년 동안 인류의 정신 위에서 군림했던
찬란했던 종교들, 철학 사상들이 다 해체되고 스러져 가고
이제 그것들이 가르치던 '영성'과 '에고'만 남았다.
2,500년 동안 에고를 부정했으나
에고는 변함없이 아직도 건재하다.
윤리적 요구와 해결의 본질은
영성과 에고로부터 시작되고 다시 귀결된다.

---

1. 2,500년 전에 성인들이 출현하며 성립된 종교와 정신 사상들이 근대를 지나며 스러지고 해체되고 있다

2

종교가 명상(영성)으로 대체되고 있다

• • •

본질적으로 인간은 종교적인 동경이 있다.

그 뿌리를 이해하기 위해 개별성과 전체성을 먼저 이해해야 한다.

우주 자연이라는 전체는 삼라만상이라고 하는 개별자들의 집합이다.

일정한 독립성을 가진 한 개인은 너무나 왜소한 개별자이다.

모든 개별자는 개별성과 전체성을 함께 가지고 있다.

왜소한 개별자가 무궁하고 온전한 전체 속에서 살면서

전체성(충만함)을 동경하며 지향함이 종교와 명상의 본질이다.

근대를 통과하고 현대에 들어서면서

종교는 스러지고 명상(영성 추구)으로 대체되고 있다.

영성은 전체의식이다. 우주(생명)의식이다.

왜소한 에고의식은 늘 부족하고 불안하고 촉박하다.

우주의식 영성은 무아이다.

공정하다. 충만하다. 느긋하다. 너그럽다.

영성에 깨어서 웰빙하기 위해 거창한 종교 시스템 대신

홀로 스스로 명상 퍼포먼스를 한다.

자기 안에서 전체의식과 만나며 일치되고자 한다
생활 속에서 개별성(에고)은 그 일치를 깨트린다.
영성을 차리며 또 일치된다. 또 깨트린다.

여러 가지 명상의 가르침과 프로그램들이 인터넷 온라인에서
당신의 선택을 기다리고 있다.

3

복잡한 윤리적 담론들을 '양심과 이기심'이라는 하나의 키워드로 모두 해설할 수도 있다

• • •

영성과 Ego는 정신의 이원성이다.

한국에서는 양심과 이기심이라고 한다.

이기심은 에고의 특성까지 고려한 표현이다.

영성은 명상을 하며 일부러 챙겨야 하는 숨어 있는 마음이 아니다.

한국인들의 양심과 이기심은

매일매일의 현실에서 언제나 나 마음에 차려져 있는

이원성 마음이다.

양심과 이기심은 나 안에서

모든 윤리적 논란의 원인이고 또 성찰하며 해결하는 힘이다.

양심과 이기심이 품고 있는 한국적인 정서를 통해

더 친숙하고 가볍게(심오하지 않게) 도덕성(윤리적인 힘)을

성찰하며 차릴 수 있다.

윤리는 전혀 심오하거나 심각한 것이 아니다.

언제나 나 마음에 차려져 있는 나 마음의 두 가지 특성일 뿐이다.

양심(영성)의 특성과 명칭들: 영성본능, 전체성(우주의식), 생명의식, 보편성, 사회성, 객관성, 대아, 무아, 참나, 열려 있음, 느긋하고 너그러움, 공정함, 성스러움

이기심(에고)의 특성과 명칭들: 생존본능, 일정한 독립성, 개별성(몸 중심), 생명체의식, 자기중심적 개인주의, 주관적, 소아, 아집, 편협함, 촉박함, 사사로움, 세속적

하나의 생명체의식을 정신, 마음, 영혼이라고도 하며
하나의 정신에서
<u>몸을 중심으로 하는 감각적인 앎과 느낌의 주체를</u>
<u>에고(나)라고 하고</u>
단편적이고 감각적인 앎과 느낌을 넘어서
전체적으로 열려 있고 초연결, 초융합된 유기체적 정보와 에너지를
<u>객관적으로 총체적으로 알 수 있고 느낄 수 있는 정신의 특성을</u>
<u>영성이라고 한다.</u>
영성은 오감을 초월하므로 여섯 번째 감각, 육감이라고 하고
신령스러운 느낌, 영감이라고도 한다.

✦ 윤리적 현실(공동체)에서 활동하는 마음의 두 주역, 양심과 이기심

공정과 불공정: 객관적으로 누구의 편도 아닌 중립에 섬이

공정함이고 자신의 이익을 위해 자기의 편에 섬이 불공정함이다.

공정함이 정의로움이다.

공정함은 양심적 특성이고 불공정은 이기심의 특성에서 표현된다.

이기심은 나의 편에 서고

양심은 무아이므로 누구의 편도 아닌 중립이거나 모두의 편이다.

선과 악: 자기의 이익을 위해서 남에게 피해를 줌이 악이고

어려운 타인에게 도움을 주는 것을 선행이라고 한다.

자기밖에 모르는 이기적인 사람은 자신의 이익을 위해

남의 것을 빼앗고 피해를 주기도 한다.

구인류의 전쟁은 대부분 남의 것을 빼앗기 위한

이기적인 살육이었다.

자신을 위한 거짓말, 도둑질, 폭행, 권력 남용, 강간, 살인

모두 사람들이 싫어하는 악한 행위이다.

국가가 법으로 처벌하며 질서를 유지한다.

사랑과 미움: 사랑은 타인에게 이익을 줌이다. 관심과 배려이다.

이기적인 사람은 먼저 자기에게만 관심을 집중하고 사랑하며

그만큼 타인에게는 관심이 없다.

누구나 자신에게 이익이 될 때 좋아하고

손해가 될 때 싫어하게 된다.

자신이 바라는 바(이익)를 타인을 위해 주려고 함이 사랑이다.

자신이 싫어하는 바(손해)를 타인에게 삼가함이 배려이다.

사랑은 관심에서 시작되고 관심은 연대감에서 일어난다.
이기심은 자기 몸 중심의 생존과 이익에 관한 관심이라
연대감이 부족하다.
양심은 무아의식이라 나를 넘어서는
전체 일반에 대한 관심이고 너그러움이다.

평등과 불평등: 자연스러운 자연의 생태계는
약육강식의 시스템이다.
인간 사회는 다수의 바람과 동의에 의해 평등을 지향한다.
인간들은 모두 다르다.
힘센 사람과 약한 사람, 지능이 높은 사람과 낮은 사람,
여자와 남자, 어른과 아이, 장애인과 정상인 등등.
인간도 짐승들처럼 생존본능이 있고 생존경쟁을 하지만
영성본능이 함께 있어서 불쌍함을 느끼고 부끄러움을 느끼고
남에게 양보하는 겸손한 마음이 자율적으로 일어난다.

힘이 세고 지능이 높은 사람이 이기적으로
자신만 잘살려고 한다면 사회는 불평등해질 것이다.
미국은 주주자본주의를 하며 자유와 경쟁을 강조하고
유럽은 사회자본주의를 하며 평등을 강조하는 편이다.
결국 어느 나라 국민이 더 행복할까?

다 함께 잘살아야 할까, 나만 잘살면 될까?

이기심은 나만 잘살면 되고

양심은 나만 잘살면 스스로 부끄러움을 느낀다.

혼자만 부자로 살면 주위의 가난한 사람들이 싫어한다.

가난한 사람들과 나누며 사는 부자는 존경을 받는다.

권리와 책임: 인간은 누구나 평등하게 자유와 권리가 있다.

자유와 권리는 공동체에서 주로 발휘하게 되므로

언제나 공동체 시스템과 마주하게 된다.

개인의 행복을 추구할 기본적인 권리를 헌법으로 보장하고 있다.

이기주의자가 자신의 행복만을 위해서 자유와 권리를 휘두른다면

공동체의 질서를 어지럽게 할 것이고

공동체 시스템의 규제와 공동체 구성원들의 양심에 의한

윤리적 평가와 마주치게 된다.

자유와 권리를 이기적으로 발휘하면 결국 범죄가 된다.

양심적으로 발휘하면 법이 없어도

윤리적으로 잘 살 수 있는 사람이라고 평가된다.

윤리적인 개념과 느낌은 양심과 이기심으로부터 시작(연역)되고

이기심이 일으킨 사회의 윤리적인 문제들은

결국 공정한 양심(영성)의 거울에 이기적인 불공정함이 비치며

성찰(판단)할 수 있게 된다.

공동체에서 공감하고 공유할 수 있는 윤리적 평가와 설득의 기준은

누구에게나 똑같이 있는 양심이다.

양심으로 해결이 안 되면 규칙과 법칙을 기준으로
판단을 하게 된다.
규칙과 법칙도 결국 양심적으로 정해진 것이다.

윤리적 앎(지식 이론)과 느낌(직관 정서)에서
윤리적 감수성(쌓여 있는 정서)에 의한 느낌과 반응이
이론적 지식보다 더 민감하게 즉각적으로 반응한다.
윤리학적 이론과 덕목 교육보다 스스로 하는 양심 명상이
더 효과적이다.

4

윤리적인 담론들의 열매는
인생 현장에서의 실천이다

• • •

실천되지 않는 윤리 이론이나 가르침은 헛수고이다.

인생 현장에서는 윤리적 논리에 따라 행동하지 않는다.
인생 현장에서는 논리보다 먼저 느낌에 직감적으로 반응하게 된다.
마음의 여러 가지 기능 중 윤리적 역할을 하는 마음을
양심과 이기심이라 할 수 있다.
한국인의 윤리는 양심이 중심에 있다.
양심적인지 이기적인지, 윤리적 지식이 없는 사람도 알 수 있다.
양심과 이기심에 대한 더 깊은 이해를 통해
더 선명한 윤리적 실천을 할 수 있을 것이다.

윤리는 연대감을 얼마큼 느끼느냐에 따라 실천 의지가 달라진다.
연대감에 따라 관심의 깊이가 달라지고
관심에 따라 배려와 공감 의식이 달라진다.
한국인은 우리와 동포라고 하는 끈끈한 연대감의 정서가 있다.
강한 연대감 때문에 윤리 실천에 더 적극적이라고 할 수 있다.

이-인-자 생활 명상이

일상생활 현장에서 깨어서 윤리를 실천하는

가장 실효성 있는 도덕성(윤리, 실천의 힘) 명상이라고 할 수 있다.

이-인-자 명상은 생활 현장에서

마음의 저항(이기심의 스트레스)을 멈추고

나 앞의 상황(시스템)을 양심(객관적)으로 이해하고 인정하며

그리고 나의 선택(윤리적 결정)을 마음껏 하자는 명상이다.

"개별자의 인생은 결국 영성(전체성)을 지향함이다."를 인정하고

생활 속에서 양심(영성)을 차리고 이기심을 성찰하며 삶이

마음의 평온과 윤리 실천을 동시에 달성하는 명상법이다.

5

**윤리의
종교와 학교 교육의 한계**

• • •

공동체에서 개인의 바람직한 윤리적인 선택을 위해
학교에서 윤리 교육을 하지만 인생 현장에서 실효성이 적다고
윤리 교사들도 실토하고 있다.
오히려 고학력자들이 지능적으로 이기적인 행위를 하며
사회적 뉴스거리가 되기도 한다.
윤리적인 가르침이 넘치는 종교인들도 이기적인 행위를 하기는
무종교인들과 별 차이가 없는 듯하다.
윤리적인 지식을 많이 알고 있다고
윤리적 선택을 하는 것은 아니라는 결론이다.
과거에는 학교 교육이 힘이 있었지만
이제 다양한 미디어를 통한 소통의 힘이 더 세다.

과거에는 학교와 종교가 윤리 교육을 담당했지만
이제 달라지고 있다.
현대인들에게 윤리적 문제는 주로 스트레스라는 이름으로 다가온다.
스트레스는 나 앞의 상황에 대한 나 마음의 저항이다.
나 밖의 상황은 주로 인간관계이다.
다른 사람의 부당함에 대한 나 마음의 저항이다.

다른 사람의 부당하다 함은 나의 이기심이 먼저 판단하게 된다.

양심의 눈으로 봄과 이기심의 눈으로 본 인식이 다르다.

양심의 눈은 객관적이고 공정하다.

이기심의 눈은 자기중심적이고 편협하다.

종교와 학교의 일방적이고 외부적인 교육보다

스스로 직접 하는 명상이 인생 주체인 스스로에게 더 효과적이다.

종교에서 강조하던 영성을

이제 명상을 통해서

스스로 마음에 차리(챙기는)는 실천을 하고 있다.

이제 명상을 통해 영성적인 마음의 건강을 지향하고 있다.

6

신인류의
윤리와 명상

• • •

신인류는 스스로

자신의 성숙하고 행복한 인생을 위해

양심이 이기심을 성찰하며 당당하게 살아간다.

일방적인 윤리 교육과 종교의 외부적인 힘은 필요 없다.

개인마다 이기심(에고)으로 살아가지만

또 개인마다 양심(영성)이 있다.

영성이

세계화된 신인류의 글로벌 정신이다.

영성은 동서고금을 막론하고 다르지 않은 보편성이다.

영성본능을 차리지 않고 생존본능(이기심)만 차리며 사는 사람은

스트레스, 병에 걸린 몸과 마음이 건강하지 못한 사람이다.

영성 차리기 명상에 깨어 있으면 생리적으로도

부교감신경이 활성화되고 교감신경은 너그러워질 것이다.

7

신인류의 윤리와 달관 사상

• • •

인생이란 '이 세상에서 나가 살아감'이므로

인생을 잘 살기 위해서는

나는 누구인지, 세상은 어떻게 생겼는지 잘 알아야만 한다.

세계관, 자아정체관을 잘 정립한 사람이 지성인이다.

지성인이 되기 위해 세계관, 자아정체관을 이해하고 인정하는

깨달음이 필요하다.

깨닫기만 하고 깨어서 살지 않는다면

가득한 스트레스와 불만과 불행의 인생은 변하지 않는다.

깨달음은 철학이고 깨어 있기는 윤리적인 힘이다.

달관 사상은

과학적 자연주의도 품고 있는 총체적인 자연주의 사상이다.

왜소한 개별자의 감각적이고 세속적인 현실 인생이

가짜가 아닌 진짜 인생이다.

동경하며 다가가며 일치되고자 하는 온전한 전체성

성스러운 영성이 바로 지금 나 마음이다.

에고를 무시하고 참나를 선택하고

감각적 현실은 진리가 아니고 허구라고 주장하던
혼돈의 철학 시대는 지나갔다.

이제 달관 사상이 글로벌 신인류의 정신 사상이다.
달관 사상에 대해 이 책에서 자상하게 해설하고 있다.
이 책이 달관 사상의 교과서이다.

영성을 불교는 부처의 마음 '불성'이라고 하고
힌두교는 에고에 대한 '참나'라고 하고
기독교는 하나님 마음 '성령'이라고 하고
한국인들은 지금 나 마음을 '양심'이라고 한다.
달관 사상에서 영성은 생명의식이고 우주의식이다.
영성은
동서고금의 인류가 공통으로 동경하는 최고의 온전한 마음이다.
영성을 잘 이해함이 깨달음이다. 최고의 깨달음이다.

신인류에게 과거의 거창한 종교적 권위나 제도와 시스템은
필요하지 않지만
왜소한 개별자(생명체)로서
생명의식이고 우주의식(전체성)인 영성을 동경함은
신인류에서도 변하지 않는다.
멀리 있던 거룩한 영성이
이제 신인류의 마음에 내려와 자리 잡았다.

정신적인 세계화를 위한 국면에서

신인류가 지향할 공통의 정신이 영성임을

공감하고 공유하며 확장되고 있다.

한국인들에게 영성은 너무나 친숙하고 일상적인 용어이다.

한국인들에게 영성은 양심이라는 일상용어로 사용되면서

너무나 친숙하고 가벼워져 버렸다.

인도와 서양의 영성에 대한 정서는

너무나 거룩하고 심오해서 멀리 느껴진다.

영성은 거룩하고 신령스럽다.

그리고 또한

온 세상에 가득하니 친숙하기도 하다.

영성에 대한 더 깊은 이해와 공부가 필요하다.

영성에 대해 달관 철학 자아정체관 편에서 자세히 논술하고 있다.

8

신인류와
글로벌 윤리

• • •

철학적 사유가 복잡한 만큼 윤리적 과제도 다양하고 복잡하다.
불교의 8만 4천 법문, 서양철학의 복잡하고 장황한 논리들 모두
하나의 마음이 생산하여 하나의 마음에 다 담겨 있다.
그러나 또,
하나의 마음을 복잡하지 않게 간결하게 총체적으로 말할 수도 있다.
하나의 마음은 선과 악, 이원성으로 나타난다.
한 마음의 이원성은 동시성이고 일체성이다.
얽혀 있고 중첩되어 있다. 절대 분리되지 않는다.

영성본능, 성스러움	생존본능, 세속적
참나, 생명의식	에고, 생명체의식
양심, 공정함, 누구의 편도 아닌 중립, 선	이기심, 자기중심적 개인주의, 아집, 악
보편성, 객관적	개별성, 주관적
우주의식, 상위 자아, 대아	왜소한 개별자의식, 하위 자아, 소아

선과 악, 사랑과 미움, 신뢰와 불신, 관심과 무관심, 이성과 감성, 공동체
주의와 개인주의, 지혜와 어리석음, 자유와 평등 등
이원성의 모든 마음은 한 마음의 두 가지 특성이다.

국가가 어떻게
국민 전체의 윤리적 의식을 높이고 그 덕(실효성)으로
사회질서를 안정시키고 사회적 신뢰와 행복지수를 높이고
생산성과 경쟁력을 높일 수 있을까?
종교적으로, 교육적으로 아무리 잘 가르쳐도 악이 사라지지 않음은
역사적 사례들이 입증하고 있다.
그러나 정서를 어떻게 길러 주느냐에 따라
결과가 많이 달라질 수 있다.

지구촌에 그 성공 사례가 선명하게 현재도 진행되고 있다.
대단한 성공의 간결한 시작을 주목해 보자.

북유럽 나라들은 교육의 핵심 과제를 경쟁 관계 말고
동무 관계 맺어 주기에 집중하고 있다.
유럽인들은 경쟁의식을 야만적인 의식으로 여긴다.
미국은 자유와 경쟁을 강조하는 나라이다.
경쟁 관계는 긴장과 스트레스 주고받는 관계이다.
동무 관계는 신뢰와 사랑의 관계이다.

동무 관계 정서 함양은 함께 놀이하기를 통해 길러질 수 있다.
아이들은 날마다 동무들과 함께 놀이하기를 스스로 좋아한다.
홀로 있고 싶어 하지 않는다.
동무 관계 정서는 무관심과 무연대에서 관심과 연대 관계로,
긴장하고 경계하는 관계에서 사랑하고 신뢰하는 관계로 촉진되며
사회적 신뢰, 사회적 연대, 서로 협동하는 관계로 확장된다.
사회적 신뢰는 갈등 해소를 위한 사회적 비용을 절감하게 하고
직장에서 협동을 촉진하여 생산성을 높인다.

북유럽 나라들은 글로벌 교육 경쟁력, 경제적 경쟁력,
국민 행복지수에서 최상위권을 유지하고 있다.
성공적인 복지 정책으로 자유와 평등을 함께 누리고 있다.

자유를 강조하고 주주자본주의와 경쟁을 조장하는 미국은
강대국이지만 빈부 차이가 심해서 사회적 갈등이 심하다.
사회적 신뢰가 낮고 개인주의가 심하고 스트레스도 심하다.
결정적으로 행복지수가 낮다.

동무 관계 맺기는 어린 시절부터 많이 해 본 익숙한 사람이
잘 할 수 있다.
익숙하지 않은 사람이 나이 들어서 갑자기 동무를 만나고 싶어도
공유할 추억과 쌓여 있는 정이 두텁지 않아서
새로운 사람과 어울리며 신뢰를 쌓기가 쉽지 않다.

돈과 시간이 있어도 함께할 동무가 없으면
함께 누릴 수 있는 행복한 시간도 없을 것이다.

덴마크는 지식 교육만 집중하지 않고
인생 중심의 인생학교를 단계별로 세워 놓고 있다.
인간관계를 경쟁 관계가 아닌 동무 관계로 맺게 하고
인생학교에서 충분히
인생과 자신의 진로를 공부하고 고민하게 한다.
성장기의 청소년들에게 자신의 인생에 대한 계획과
바람직한 개인 감성과 사회적 정서를
잘 길러 주고 있다고 할 수 있다.
담임교사는 전문성을 갖추고 있어서
부모보다 더 신뢰할 수 있는 인생 멘토가 될 수 있다.

달관 사상은
이 세상과 인생이 이미 완성된 시스템이라고 말한다.
시스템은 천명이다. 인간이 어찌할 수 없는 필연성이다.
필연성을 잘 이해하고 인정하며 저항하지 않으면
시스템으로부터 자유로워진다. 시스템과 하나 되어 살아간다.
필연성을 이해하고 인정하기가 달관 사상의 '깨달음'이다.

깨달음을 마음에 차린 지혜로운 지성인이
깨어서 양심을 차리고 성찰하며 살아감이

윤리적 태도의 완성이다.

공동체에서 이기적으로 살기보다 양심적으로 삶이
결국 자신의 행복에 더 이익이 됨을 잘 이해할 필요가 있다.

행복도 힐링도 윤리도
시스템 안에서 지속해서 살아가는 과정이다.
윤리의 완성이라 함은 자기 안에서 윤리적 시스템의 완성이다.
시스템은 이원성 구조로 개념화되어 있고
이원성 사이에 가득한 스펙트럼이 인생이 선택할 수 있는
윤리의 영역이다.
시스템을 이해하고 인정하고 나 하고 싶은 대로 선택하며 살기가
달관적 윤리의 공부이고 인생이 된다.

이-인-자 깨어 있기 명상을 자꾸 하면서 살면,
온갖 스트레스에 대해 느긋하고 너그럽게
유유자적(완성된 시스템에서 자유롭고 당당한 마음)하며
윤리적 인생 태도는 완성되리라.

쉽게 간편하게 일상생활 현장에서 할 수 있고
점점 더 깊이 하면 참나의 마음이고 하나님의 마음인 영성 속으로
깊이깊이 들어가 하나가 될 수 있다.
꼭 영성적으로만 살려고 자신을 닦달하지 않아도 된다.

영성본능과 함께 생존본능도 이원성으로 상보성으로
함께 있으므로 함께 조화롭게 잘 살면 된다.

과학이 발달하기 전의 인류는
생존을 위해 경쟁하며 싸우며 살았지만
과학의 힘으로 생존이 어느 정도 해결된 시대에서는
영성본능 차리며 유유자적 더 너그럽게 더 느긋하게 살아감이
더 바람직하지 않을까?
21세기 신인류의 윤리와 명상이 지향하는 공통의 의식은
생존을 넘어 영성이다.

우주 자연의 모든 현상은 당연하다.
오직 경외심으로 받아들여야 할 신령스러움이다.
왜소한 하나의 개별자가 세상을 대하는 윤리적 태도는
겸손함이다.
그 반대 마음은 어리석고 졸렬한 힘자랑, 우쭐댐이다.

✦ 세계화된 신인류의 정신문화

물질 중심의 과학적 자연주의 사상과 문명에서는 감성이 부족하다.
달관적 자연주의는
감각적, 영성적 감성과 정서도 함께하는
총체적인 정신문화이다.
신인류의 달관적 정신문화에서

경쟁 관계 말고 동무 관계 맺으며

다 함께 영성을 차리며 살아간다면

세계화된 지구촌 인민들이 모두 하나의 영성을 중심으로

공명하는 동무가 된다면

싸움은 멈추고 평화는 오리라. 평화는 오리라.

정신적인 세계화의 시대에서 다 함께 참여하는

지구촌 동무 관계 맺기 운동이 한바탕 일어났으면 좋겠다.

춤과 노래로 스토리 텔링으로

여행과 음식과 명상으로 함께 어울리며 동무가 되어 보자.

그리하면

보기에 참 좋겠다.

인생의 완성, 구원

· · ·

"인생이란 무엇인가?"라고 묻는다면
인생을 포함하는 세상의 모든 현상은
자연의 법칙에 의한 당연함이고
인생은 당연함 속에서 살아가는 당위(당연한 행위)이다.

지구는 천년만년 변함없이 스스로 자전과 공전의 순환을 하고
시간과 생명을 깨우며 무궁한 정체성을 유지한다.
태양도 그렇다. 우주가 다 그렇다.
원자 안에서 전자도 스스로 스핀과 회전을 하며 에너지와 정보로서
다른 원자들과 초연결, 초융합하며 변함없이 정체성을 유지한다.

자연 전체는 이미 온전하게 완성되어 있는 생명 시스템(유기체)이다.
세상과 한 몸인 나의 인생도 생태계 시스템 속에서 이미 완성되어 있다.

나는 지금 끝없이 순환하는 시간 속에서
나 인생의 한 지점을 통과하고 있다.

한 생명체의 일생은 DNA에 이미 다 설계되어 있다.
생명체는 자연에서 나왔다가 자연으로 돌아가는
생로병사를 통과하며
다음 생에 씨알(DNA)을 전하며 끝없이 순환(윤회)한다.
한 생명체의 DNA에서 에고(개별성)는 죽지 않고 살아서
다음 생으로 이어진다.

천년만년 역사의 인생들 모두

자연 속에서 자연의 법칙에 의한 당연하고 완성된

자연의 현상들이고

불가역적이고 필연적인 인생 시스템이다.

천년만년 역사의 인생마다 이어지며 새겨진 DNA는

세상 시스템이 인생에 새겨 준 인생 설계도이다.

자연이라고 하는 생명 시스템은

생명체들이 일생을 살아낼 만한 온전한 시스템이다.

천년만년 인류가 생멸하며 살아왔던 완성된 시스템이다.

생명(자연) 시스템은 인류에게 오래된 현재이고 미래이다.

이미 완성된 세상과 인생의 시스템을

잘 이해하고(깨달음) 인정하면(깨어 있기)

인생의 태도가

촉박하지 않고 느긋하고 너그러워질 수 있을 것이다.

왜소하고 왜소한 하나의 개별자가

충만하고 무궁한 우주 전체와 한 생명임을 깨닫고

일체감을 느끼며 살아갈 수 있다면

가히 인생의 완성 구원이라 말할 수 있을 것이다.

1

우주 자연은 이미 완성되어 있다: 세계관 달관하기

• • •

2,500년 전 무렵에 동아시아의 성인 노자는 말했다.
"세상은 아무 부족함이 없어서 하나도 더 보탤 것이 없고,
쓸모가 없어서 버릴 것도 하나도 없다."
기독교에서는 전지전능한 신이 세상을 온전하게 창조했다고 말한다.
가톨릭의 삼위일체 신앙은 하느님 마음인 성령이
세상천지에 무소부재하다고 말한다.
세상에 천사와 악마가 지옥과 천국이 언제나 동시에 있음은
무소부재하고 전지전능한 신의 표현이다.

불교도 법신불, 화신불, 보신불의 삼위일체 부처가
처처불(모든 것이 부처) 사사불(모든 현상이 부처의 작위)이다.
우리들 마음이 곧 부처이고 개유불성하며
모든 것에 불성이 무소부재하게 있다고 말한다.
21세기에 양자물리학자들도 말하고 있다.
"세상은 이미 완성되어 있다."라고.

세상의 모든 현상은 자연의 법칙에 의한 당연함이고
인생은 당연함 속에서 살아가는 당위이다.

✦ 정말로 세상은 이미 완성되어 있을까?

묻는 자가 누구인가? 인간이다.

인간과 인생을 기준으로 답할 수밖에 없다.

평가와 판단을 하기 위해서는 평가와 판단의 기준이 있어야 한다.

그런데 세상에는 원래 정해진 기준은 없다.

사람이 기준을 만들고 시대에 따라 기준이 변하고 할 뿐이다.

세상의 완성과 미완성에 대한 정해진 기준도 없다.

기준을 만들며 말하는 주체가 인간이므로

100여 년 인생을 살아가는 데 세상 시스템이

온전한가, 부족함이 많은가를 중심으로 평가하면 될 것이다.

천년만년 변함없이 변하며

생태계가 정체성을 지키며 유지되고 있으므로

완성이라고 말한다.

회전하지 않고 순환하지 않고 직진만 한다면,

변하기만 한다면 변하지 않기만 한다면

완성이라 말하지 못할 것이다.

우주 자연의 모든 현상은 반드시 자연의 법칙을 따라

생겨나고 사라지며 변화한다.

우연히 아무렇게나 일어나는 일은 없다.

고로 모든 현상은 당연한 것이다.

인간이 아직 이해하지 못하는 자연현상이 있다면
아직 그 이유를 모르고 있을 뿐이다.
그 이유(의문)를 구체적으로 탐구해 온 전문가들이
철학자이고 과학자들이다.
그들의 탐구는 미래에도 계속될 것이다.

자연은 스스로(홀로)라 상대가 없어 절대자이다.
자연의 법칙을 비판하거나 평가할 존재가
원천적으로 따로 존재하지 않는다.
자연의 안은 있어도 자연의 밖은 없다. 우주 전체가 자연이므로.
인간은 자연의 안에 있는 자연과 한 몸이다.
자연 전체는 왜소한 한 인간이
이해하고 인정할 수밖에 없는 신령스러운 유기체(생명)이다.

자연의 전체성은 보편성으로서 전체에 두루 공명한다.
우주 자연이 모든 생명체의 생로병사를 주관하고
모든 생명체는 하나의 우주 자연을 어버이로 하여
태어나고 생육된다.
모든 생명체는 어버이가 같은 동포이고 형제자매이다.

✦ 우주 자연의 삼라만상은 모두 같으면서 다르다

같음과 다름이 동시성이다.
인생은 다름과 함께 살아야 할

피할 수 없는 천명(필연성)을 안고 살아간다.

다름에 저항하며 늘 부딪히며 살려는가

이해하고 인정하며 잘 어울리며 살 터인가

선택할 수 있다.

70억 지구촌의 인간들은 모두 다르다.

그러나 70억 모두를 인간이라는 하나의 이름으로 부르며

다른 생명체와 구별되는 인류라고 하는

하나의 종으로 묶을 수 있게 된다.

다른 생명체들과 다른 인류만 가진 DNA 때문에

치명적인 동물의 전염병이 인간에겐 전염되지 않는다.

그리고 인간들 사이에 약간씩 다른 DNA 때문에

인류에게 닥쳐온 전염병이 인류 전체를 전멸시키지도 않는다.

같음과 다름의 동시성과 이원성이 세상과 인생을 더 조화롭게 한다.

아무 변화 없는 똑같음보다 다양함이 모인 조화로움이

더 아름답다.

원자와 원자가 융합하여 분자가 되고 분자가 모여 물질이 되고

물질이 모여 전체 문명을 건설한다.

세상은 차단되어 있거나 닫혀 있지 않고 언제나 열려 있다.

나와 500억 광년 밖의 별 사이에도 차단되어 있지 않고 열려 있다.

열려 있음이 연결되어 있음이다.

이미 연결되어 있음과 융합하려 함의 성질이 전체성이다.

각각 다른 하나하나의 개별자마다 전체성을 함께 품고 있음은
신비롭고 신령스러운 일이다.
하나의 개별자(원자)와 우주 자연 전체 사이에
무궁한 초연결, 초융합이 일어나며 창발성이 발현되고
홀론 현상으로 가득 채워져 있다.

하나의 인간은 개인주의(개별성)와 공동체주의(전체성)
두 개의 성향을 본질적으로 다 가지고 있다.
하나의 수정체도, 하나의 세포도 60조 개의 세포로 완성된 하나의 인간도
그리고 인간들이 모인 인간 사회도 모두 온전한 시스템이다.

개별자의 개별성은 전체성에 비교해
상대적으로 왜소함과 부족함을 느낀다.
부족함을 채우려고 끊임없이 노력한다.
그 노력이 생활의 동기가 되고 활력이 된다.
인생에서 부족함을 느끼니까 인생이 온전하다.
언제나 만족한 충만한 상태라면
열심히 치열하게 살아야 할 동력이 꺼져 버릴 것이다.
인류가 끊임없이 종교와 명상을 지향함은
왜소한 개별자가 전체성의 온전함을 동경함이다.

개는 개처럼, 새들은 새처럼, 고양이는 고양이답게, 사자는 사자답게
벌레들은 가장 벌레들답게 살아가는 온전한 생명체들이다.

고양이는 개처럼 짖지 못한다. 고양이는 쥐처럼 살지 못한다.

사슴은 풀을 먹고 호랑이는 사슴을 먹고 살며

먹이사슬을 유지하며 사이좋게 전체 생태계에서 함께 살아간다.

하나하나 생명체도 온전하고 전체 생태계도 온전하다.

하나의 원자도 온전하고 원자가 결합하여 화학적 반응을 일으키는

분자도 온전하고 분자들이 모인 물질도

물질들이 모인 자연 전체의 생태계도 온전하다.

자연과 분리된 개별자를 전제로 한 어떤 논리나 가설도

모두 오류이다.

전체의 눈으로 본 전체나 부분이 사실이다.

부분의 눈으로 본 전체나 부분은 사실에 대한 이해가 아닌 오해이다.

인생의 스트레스와 고통은 어리석은 오해로부터 시작된다.

그러므로 아무 고통 없는 인생의 구원을 위해

나와 세상에 대한 올바른 이해가 꼭 필요하다.

이해를 함은 지혜로움이고 오해를 함은 어리석음이다.

이해를 하면 자유로워진다. 자유롭기 위해서는 지혜로워야 한다.

지혜롭고 자유로운 인생이 인생의 정석이다.

2

나의 인생도 완성되어 있다: 자아정체관 달관하기

• • •

세상의 모든 현상은 자연의 법칙에 의한 당연함이고
인생은 당연함 속에서 살아가는 당위이다.

✦ 나의 인생 달관하기

인생 내비게이션으로 전체 인생 바라보기.

모든 것은 유기적으로 연결되어 있는 유기체임이 사실이므로
분리해서 본 인식은 사실이 아닌 가정일 뿐이다.
인생을 온전하게 이해하려면 인생 전체 시스템을 달관해야 한다.
생로병사의 인생 전체에서 지금 나가 통과하며 서 있는
생로병사의 과정에서의 한순간으로 현재 인생을
제대로 볼 수 있게 될 것이다.
인생의 전체 시스템(전체성)에 깨어 있으면
나가 지금 잠시 스트레스를 받았다고
이 사실이 세상과 인생의 전체인 양 호들갑 떨며 두려워하며
온 마음으로 저항하지만은 않게 될 것이다.
인생의 바다에서 일렁이는 수많은 파도 중 하나일 뿐이므로.

나는 온전하다.

'나'가 나를 창조하거나 부모가 나를 창조하지 않았다.

부모도 나도 모든 생명체도 자연이 창조하고 자연이 생로병사를 주관한다.

이를 일러 불교는 무아라고 한다.

자연은 온전하고 자연의 몸인 나도 온전하다.

자연의 섭리에 따라 정자와 난자가 수정되었고,

수정체와 DNA와 나 몸에 지수화풍이 흘러가며

나를 60조 개의 세포로 완성하고

어떤 생로병사를 살지도 다 설계해 놓았다.

자연의 모든 시스템은 자연스럽고

그 안에서 나의 모든 작위도 자연스럽다.

자연현상은 반드시 자연의 법칙을 따르므로 당연하다.

자연의 몸으로서 나의 모든 작위도 당연한 당위이다.

✦ 나의 인생도 온전하다

삼라만상 전체가 그러하듯이

나는 전체성과 개별성을 함께 가지고 있다.

개별성은 전체자와 상반되게 왜소하고 편협하여 늘 부족함을 느끼며

만족함(충만한 전체성)을 추구한다.

늘 부족함을 느끼며 온전함(전체성)을 향해

열심히 치열하게 살아가는

생기발랄한 인생의 과정이 모두 온전하다.

이미 충만해서 가득 채워져 있다면

바쁘게 오고 가며 노력할 의욕은 필요가 없게 될 것이다.

언제나 부족함을 채우려 열심히 살아가게 하는

의욕적인 인생의 설정은

천재적인 자연의 신령스러운 아이디어이다.

세상을 달관해 보면 세상의 모든 현상은 이해하면 할수록

인정할 수밖에 없는 신비로움이다.

생로병사 인생의 전 과정은 스스로 온전하다.

아무리 더 온전한 인생을 상상해 봐도 더 좋은 답이 없다.

절대 늙지 않는다면, 아무렇게나 살아도 절대 병들지 않는다면,

어떤 경우에도 절대 죽지 않는다면 오히려 더 끔찍한 인생이다.

아무렇게나 굴러도 되는 돌멩이 같은 생명은

하나도 소중하지 않을 것이다.

80세, 90세에 이른 노인들은 제발 그만 살았으면 하는 생각이

소원이 된다.

더 이상 아무 의욕도 희망도 없고 힘도 없고 주변의 관심도 없고

살아도 사는 게 아니게 된다.

이러함이 생로병사에 임하는 자연스러운 마음의 설정이고 동참이다.

늙어서도 의욕이 왕성하다면

인생에 대한 미련 때문에 죽음을 받아들이기 어려울 것이다.

한국에서는 죽음을 '돌아갔다'라고 한다.

그냥 직진의 끝이 아니고

자연에서 와서 자연으로 돌아가는 끝없는 순환이다.

지구가 자전을 하며 날마다 새로운 새벽이 찾아오며

새날이 시작된다.

지구가 공전을 하며 매년 새로운 계절이 찾아온다.

생명체들은 죽음을 맞이하되 이미 씨알을 남겨 놓았으니

새로운 생명체들이 죽음의 그 자리를 대신하며

죽지 않고 살아 있다.

생태계는 원시반본하며 끝없이 윤회한다.

나도 윤회의 수레바퀴를 타고 원래의 자연으로 돌아간다.

에고의 몸은 자연으로 흩어지고

에고의 DNA는 2세, 3세에 이미 전해져서

지금 나와 함께 살아가고 있다.

이러함이 과학적 자연주의가 말하는 윤회이다.

나는 죽을 터이나 나의 DNA는 죽지 않고 생생하게 살아 있다.

DNA는 나가 생산한 게 아니고 자연이 어느 날 창조한 것도 아니고

생명 전체의 시스템 자체이다.

불교에서 무아를 말하듯이 인생은 나의 것이 아니고

전체 생태계의 순환의 법칙대로 살다가

원래의 자연으로 다시 돌아가는 시스템이다.

그러나 또한 나의 인생은

천상천하에서 유일하고 특별한 나 홀로만의 직접 체험이다.

천년만년 변함없이 인류는

선과 악, 천사와 악마, 지옥과 천국, 행복과 불행, 정의와 불의, 평등과 불

평등, 사랑과 미움, 전쟁과 평화, 아름다움과 추함의

이원성 정보와 감정들과 함께 살아왔다.

그러함이 인생이었다. 미래에도 그러할 것이다.

세상의 이원성 정보와 마음의 이원성 감정을

분리하고 선택하고 저항하며 살아야 할까?

총체적으로 이해하고 인정하며 함께 살아야 할까?

선택하시라. 그대 인생에서 가장 중요한 선택으로 될 터이니.

저항함은 스트레스요, 이해함은 지혜로움이고

인정함은 자유로움이다.

달관 사상은 이원성을 다 품는 총체적인 자연주의이다.

비로소

악마에 대해서도 불행에 대해서도 미움에 대해서도

나(진리)의 반쪽으로서

연민과 안타까움과 너그러운 마음이 일어날 수 있을 것이다.

예수가 말한 그 무한한 사랑 말이다.

생명체들의 생애가 그리고 인생이 스스로 이미 온전하다는 말은

수많은 논리나 언설로도 다 할 수 없지만

이 책의 세계관과 자아정체관 편에서 자세히 논설하고 있으므로

여기에서는 더 중언부언하지 않기로 한다.

3

지금 나는 전체 인생의 한 과정을 통과하고 있다: 내비게이션으로 인생 전체를 달관하기

• • •

나의 인생 생로병사 전체를 달관해 보면
지금 나는,
이미 설정되어 있는 전체 생로병사의 한 과정을 통과하고 있다.
장구한 인류 역사를 통해서 본 인류들이
똑같이 생로병사의 인생을 살았듯이
지금 나도 변함없이, 설정된 시스템 인생을 살고 있다.

그리고 또한 21세기에 지금
나는 그들과 너무나 다른 문명에서
다르게 살고 있다.

불교를 신앙하건 기독교를 신앙하건
노자와 공자의 가르침에 따르든지
오랜 역사의 인류는 똑같이
영성본능과 생존본능, 두 개의 마음으로

전쟁과 평화를 반복하며 행복과 불행을 나름대로 느끼며 살아왔다.

이러함은 오래된 미래이다.

앞으로도 크게 변하지 않을 인생의 시스템이다.

인류는 오랫동안 이기심을 자제하고 양심을 차리며 살기 위해

명상, 기도, 마음 닦기, 자기성찰 등을 하며 노력해 왔다.

이미 완성된 온전한 세상과 인생 시스템을

이해하고 인정하면 스트레스를 받지 않고 자유롭다.

오해하고 저항함이 스트레스이다.

왜소한 개별자의 마음과 온전한 우주의식 두 마음이

지금 그대 마음의 이원성이다.

천년만년 과거의 인류가 인생을 살아 냈듯이

지금 나도 그렇게 인생의 과정을 살아 내고 있다.

인류의 모든 인생에 같음과 다름이 함께 얽혀 있다.

4

인생의 완성 구원: 이미 완성된 전체 인생을 이해하고 인정하며 유유자적 너그럽고 느긋한 인생 태도

● ● ●

더 이상 구할 것 없다.

더 이상 찾아가며 도달해야 할 목적지는 따로 없다.

이미 완성된

지금 여기에서 좀 더 행복하게 생로병사를 살아가면 될 뿐이다.

천년만년 전 인류의 인생들이

오래된 현재의 인생이고 미래의 인생이다.

생명 시스템은 이미 다 완성되어 있다.

하늘(신)이 나 인생에게 어떤 과제나 임무를 부여한 적이 없다.

모든 존재는 스스로 하늘이다. 인간도 하늘이다.

악마도 하늘이고 천사도 하늘이다.

스스로 하고 싶은 대로 살면 된다.

인생 공동체는 주로 선을 선택한다. 선을 사랑한다.

모든 사람이 고통을 피하고 행복하게 살기를 원한다.

인간의 인생의 희망을 반대하거나 방해할 존재는 천상천하에 없다.

이미 온전한 세상과 인생을 이해하고 인정하며
나 스스로 하고 싶은 대로 자유롭게 선택하며 살기가 최선이다.
아직 이해가 안 되는 의문은 그 이유를 알아보면 된다.
하나의 유기체인 생명 시스템 한가운데에 그대가 있다.
감각적으로, 과학적으로, 철학적으로, 영성적으로,
총체적으로 공부하고 이해하면 된다.
이미 학교에서 공부하고 있는 내용들이다.
인생은 원래 지혜롭고 자유롭다.

자연은 스스로 하늘님이다. 나도 자연이다. 하늘님이다.
느긋하게 너그럽게 당당하게 유유자적 살아가면 된다.
이러함이 지금 여기 나의 마음에 가득 차려져 있다.

이를 일러 '인생의 완성', '인생의 구원'이라 이름 불러도
좋아서 좋으리라.

15세부터 55년 동안
다른 공부(학교 공부)는 하지 않고, 학교 밖에서
오직 '인생의 정석'에 대해서만 집중적으로 공부하였다.
동서고금의 인생과 종교와 철학 사상을
치열하게 공부하였으나 만족하지 못하였다.
이제사 그 이유를 알았다.
구인류의 정신적 사유가

자연의 사실(철학)과 인간의 선택(윤리)을 혼동한

혼돈의 사유체계여서 나의 온전한 깨달음을 방해하고 있었다.

드디어 흔쾌한 마음으로

늦은 나이에 처음으로 책을 쓰고

당당하게 온 세상에 공명하기를 바라게 된 연유이다.

신인류는 이제 누구나 쉽게 깨달음을 차리고

어렵지 않게 깨어서 살아가게 될 것이다.

정신적인
세계화를 선도하는
K-정신

1판 1쇄 발행 2025년 05월 09일

지은이 전대성

교정 주현강 **편집** 김다인 **마케팅·지원** 김혜지

펴낸곳 (주)하움출판사 **펴낸이** 문현광

이메일 haum1000@naver.com **홈페이지** haum.kr
블로그 blog.naver.com/haum1000 **인스타그램** @haum1007

ISBN 979-11-7374-044-2(03100)